中国城乡基层干部和社区工作者系列培训教材

社区建设政策百问百答

SHEQUJIANSHEZHENGCEBAIWENBAIDA

民政部基层政权和社区建设司组织编写
蒋昆生⊙主编

中国社会出版社
国家一级出版社·全国百佳图书出版单位

丛书编辑委员会

目　录

第一章　社区建设的总体要求

1. 党中央对建设和谐社会的要求是什么?

2004 年 9 月 19 日，中国共产党第十六届中央委员会第四次全体会议正式提出了“构建社会主义和谐社会”的概念。2005 年 2 月 20 日，胡锦涛同志在中共中央举办的省部级主要领导干部提高构建社会主义和谐社会能力专题研讨班开班式上作重要讲话，对构建社会主义和谐社会的意义、内容作了总体概括。他指出，构建社会主义和谐社会是我们党从全面建设小康社会、开创中国特色社会主义事业新局面的全局出发提出的一项重大任务，适应了中国改革发展进入关键时期的客观要求，体现了广大人民群众的根本利益和共同愿望，要在推进社会主义物质文明、政治文明、精神文明发展的历史进程中，扎扎实实做好构建社会主义和谐社会的各项工作。并指出，实现社会和谐，建设美好社会，始终是人类孜孜以求的一个社会理想，也是包括中国共产党在内的马克思主义政党不懈追求的一个社会理想。根据马克思主义基本原理和中国社会主义建设的实践经验，根据新世纪新阶段中国经济社会发展的新要求和中国社会出现的新趋势、新特点，我们所要建设的社会主义和谐社会，应该是民主法治、公平正义、诚信友爱、充满活力、安定有序、人与自然和谐相处的社会。民主法治，就是社会主义民主得到充分发扬，依法治国的基本方略得到切实落实，各方面积极因素得到广泛调动；公平正义，就是社会各方面的利益关系得到妥善协调，人民内部矛盾和其他社会矛盾得到正确处理，社会公平和正义得到切实维护和实现；诚信友爱，就是全社会互帮互助、诚实守信，全体人民平等友爱、融洽相处；充满活力，就是使一切有利于社会进步的创造愿望得到尊重，创造活动得到支持，创造才能得到发挥，创造成果得到肯定；安定有序，就是社会组织机制健全，社会管理完善，社会秩序良好，人民群众安居乐业，社会保持安定团结；人与自然和谐相处，就是生产发展，生活富裕，生态良好。社会主义和谐社会主要体现在五个方面：一是个人自身的和谐，二是人与人之间的和谐，三是社会各系统、各阶层之间的和谐，四是个人、社会与自然之间的和谐，五是整个国家与外部世界的和谐。2006 年 10 月 11 日，中国共产党第十六届中央委员会第六次全体会议通过《中共中央关于构建社会主义和谐社会若干重大问题的决定》，明确了构建社会主义和谐社会的阶段性目标："到 2020 年，构建社会主义和谐社会的目标和主要任务是：社会主义民主法制更加完善，依法治国基本方略得到全面落实，人民的权益得到切实尊重和保障；城乡、区域发展差距扩大的趋势逐步扭转，合理有序的收入分配格局基本形成，家庭财产普遍增加，人民过上更加富足的生活；社会就业比较充分，覆盖城乡居民的社会保障体系基本建立；基本公共服务体系更加完备，政府管理和服务水平有较大提高；全民族的思想道德素质、科学文化素质和健康素质明显提高，良好道德风尚、和谐人际关系进一步形成；全社会创造活力显著增强，创新型国家基本建成；社会管理体系更加完善，社会秩序良好；资源利用效率显著提高，生态环境明显好转；实现全面建设惠及十几亿人口的更高水平的小康社会的目标，努力形成全体人民各尽其能、各得其所而又和谐相处的局面。"

2. 党中央对社区建设的要求是什么？

党的十六大以来，党中央高度重视社区建设。党的十六大和十七大站在时代发展和战略全局的高度，深刻阐述了加强社区建设的重要性和紧迫性，对社区建设提出了明确要求。党的十六大指出，扩大基层民主，是发展社会主义民主的基础性工作，要健全基层自治组织和民主管理制度，完善公开办事制度，保证人民群众依法直接行使民主权利，管理基层公共事务和公益事业，对干部实行民主监督；完善城市居民自治，建设管理有序、文明祥和的新型社区。2005 年 2 月 20 日，胡锦涛同志在中共中央举办的省部级主要领导干部提高构建社会主义和谐社会能力专题研讨班开班式上作重要讲话时指出，要充分发挥城乡基层自治组织协调利益、化解矛盾、排忧解难的作用，发挥社团、行业组织和社会中介组织提供服务、反映诉求、规范行为的作用；要加强城乡基层自治组织建设，从建设和谐社区入手，使社区在提高居民生活水平和质量方面发挥服务作用，在密切党和政府同人民群众的关系方面发挥桥梁作用，在维护社会稳定、为群众创造安居乐业的良好环境方面发挥促进作用；要以服务群众为主题，增强社会服务功能，拓展社会服务领域，提高社会服务水平，形成社会服务网络化的新格局，积极开展面向特殊群体的社会救助、社会福利和优抚保障服务，面向群众的便民利民服务，面向下岗失业人员的再就业服务和社会保障服务。党的十七大提出，要发展基层民主，保障人民享有更多更切实的民主权利，强调人民依法直接行使民主权利，管理基层公共事务和公益事业，实行自我管理、自我服务、自我教育、自我监督，对干部实行民主监督，是人民当家做主最有效、最广泛的途径，必须作为发展社会主义民主政治的基础性工程重点推进；要健全基层党组织领导的充满活力的基层群众自治机制，扩大基层群众自治范围，完善民主管理制度，把城乡社区建设成为管理有序、服务完善、文明祥和的社会生活共同体。

3. 中共中央、国务院关于加强和创新社会管理的重点是什么？

社会管理主要是政府和社会组织为促进社会系统协调运转，对社会系统的组成部分、社会生活的不同领域以及社会发展的各个环节进行组织、协调、指导、规范、监督和纠正社会失灵的过程。在广义上，社会管理是由社会成员组成专门机构对社会的经济、政治和文化事务进行的统筹管理；在狭义上，社会管理仅指在特定条件下，由权力部门授权对不能划归已有经济、政治和文化部门管理的公共事务进行的专门管理。

2011 年 7 月，中共中央、国务院出台了《关于加强社会创新管理的意见》(中发〔2011〕11 号)，全面分析了加强和创新社会管理的重要意义以及当前我国社会管理面临的新形势、新要求指出，加强和创新社会管理，要坚持以人为本、服务为先，多方参与、共同治理，关口前移、源头治理，统筹兼顾、协商协调，依法管理、综合施策，科学管理、提高效能的原则，立足基本国情，坚持正确方向，推进改革创新；要加强和完善社会管理格局，加强社会管理制度建设，加强基层社会管理和服务，完善党和政府主导的维护群众权益机制，加强流动人口和特殊人群服务管理，加强非公有制经济组织、社会组织服务管理，加强公共安全体系建设，完善信息网络服务管理，营造良好社会环境。各地区、各部门要深刻认识加强和创新社会管理的重要性和紧迫性，把加强和创新社会管理摆在更加突出的位置，加强调查研究，加强政策制定，加强工作部署，加强任务落实，全面提高社会管理科学化水平。

4. 党的十八大对社区治理的要求是什么？

社区治理是指政府、社区组织、居民及辖区单位、营利组织、非营利组织等基于市场原则、公共利益和社区认同，协调合作，有效供给社区公共物品，满足社区需求，优化社区秩序的过程与机制。

党的十八大报告第一次在党的纲领性文件中提出了“社区治理”的理念。报告指出，在城乡社区治理、基层公共事务和公益事业中实行群众自我管理、自我服务、自我教育、自我监督，是人民依法直接行使民主权利的重要方式，要健全基层党组织领导的充满活力的基层群众自治机制，以扩大有序参与、推进信息公开、加强议事协商、强化权力监督为重点，拓宽范围和途径，丰富内容和形式，保障人民享有更多更切实的民主权利；要发挥基层各类组织协同作用，实现政府管理和基层民主有机结合。

建立社区治理机制，实现政府行政管理与基层群众自治的有效衔接和良性互动，核心问题就是要充分发挥社区自治功能，提高社区自治水平。具体来说，主要从以下三个方面着手：一是充分利用三个社会要素。充分利用专业社工来沟通社情民意、利用社会组织来增强社区自治、利用社会资源来发展社区服务。二是大力培育两类社会组织。社会组织在社区管理与服务中的作用巨大，没有社会组织就没有居民参与，就没有居民自治，就无法形成社区认同感。当前，重点是采取政府资金引导、建立孵化机制等措施，培育志愿性社会组织和专业性社会组织，并通过政府购买服务等形式，充分调动社会力量来完成社会管理和服务的任务。三是着力建立两大社会机制。着力建立以居民需求为导向的社区服务项目机制、以居民参与为导向的社区民主协商机制。这两种机制是相互融合在社区治理的过程之中的。

5. 党的十八大对加强和创新社会管理的要求是什么？

党的十八大指出，加强社会建设，是社会和谐稳定的重要保证，必须从维护广大人民群众根本利益的高度，加快健全基本公共服务体系，加强和创新社会管理，推动社会主义和谐社会建设。加强社会建设，必须以保障和改善民生为重点。提高人民物质文化生活水平，是改革开放和社会主义现代化建设的根本目的。要多谋民生之利，多解民生之忧，解决好人民最关心、最直接、最现实的利益问题，在学有所教、劳有所得、病有所医、老有所养、住有所居上持续取得新进展，努力让人民过上更好的生活。加强社会建设，必须加快推进社会体制改革。要围绕构建中国特色社会主义管理体系，加快形成党委领导、政府负责、社会协同、公众参与、法治保障的社会管理体制，加快形成政府主导、覆盖城乡、可持续的基本公共服务体系，加快形成政社分开、权责明确、依法自治的现代社会组织体制，加快形成源头治理、动态管理、应急处置相结合的社会管理机制。

加强和创新社会管理，重点要抓好以下八个方面的工作：（1）进一步加强和完善社会管理格局，切实加强党的领导，强化政府社会管理职能，强化各类企事业单位社会管理和服务职责，引导各类社会组织加强自身建设、增强服务社会能力，支持人民团体参与社会管理和公共服务，发挥群众参与社会管理的基础作用。（2）进一步加强和完善党和政府主导的维护群众权益机制，形成科学有效的利益协调机制、诉求表达机制、矛盾调处机制、权益保障机制，统筹协调各方面利益关系，加强社会矛盾源头治理，妥善处理人民内部矛盾，坚决纠正损害群众利益的不正之风，切实维护群众合法权益。（3）进一步加强和完善流动人口和特殊人群管理和服务，建立覆盖全国人口的国家人口基础信息库，建立健全实有人口动态管理机制，完善特殊人群管理和服务政策。（4）进一步加强和完善基层社会管理和服务体系，把更多人力、财力、物力投入到基层，努力夯实基层组织、壮大基层力量、整合基层资源、强化基础工作，强化城乡社区自治和服务功能，健全新型社区管理和服务体制。（5）进一步加强和完善公共安全体系，健全食品药品安全监管机制，建立健全安全生产监管体制，完善社会治安防控体系，完善应急管理体制。（6）进一步加强和完善非公有制经济组织、社会组织管理，明确非公有制经济组织管理和服务员工的社会责任，推动社会组织健康有序发展。（7）进一步加强和完善信息网络管理，提高对虚拟社会的管理水平，健全网上舆论引导机制。（8）进一步加强和完善思想道德建设，持之以恒加强社会主义精神文明建设，加强社会主义核心价值体系建设，增强全社会的法制意识，深入开展精神文明创建活动，增强社会诚信。

6. 党的十八届三中全会对发展基层民主有什么新要求？

基层民主直接关系到广大人民群众的切身政治权利，是全部民主政治的基础。健全基层群众自治制度，开展形式多样的基层民主协商，让人民群众依法直接行使民主权利，是中国特色社会主义民主政治建设的重要内容，是发展更加广泛、更加充分、更加健全的人民民主的迫切要求。党的十八大报告提出了完善基层民主制度的重大任务：一是要健全基层党组织领导的充满活力的基层群众自治机制；二是要全心全意依靠工人阶级，健全以职工代表大会为基本形式的企事业单位民主管理制度，保障职工参与管理和监督的民主权利；三是要发挥基层各类组织协同作用，实现政府管理和基层民主有机结合。党的十八届三中全会对发展基层民主提出了新的要求，其中《决定》明确指出“发展基层民主”，突出强调“健全基层选举、议事、公开、述职、问责等机制”，“推进基层协商制度化，建立健全居民、村民监督机制”，“健全以职工代表大会为基本形式的企事业单位民主管理制度，加强社会组织民主机制建设”。具体体现在以下三个方面：

第一，开展形式多样的基层民主协商。健全社会主义协商民主制度是我国政治体制改革的重要任务，基层民主协商则是这一重要任务的主要内容。协商民主是基层民主实践中常用的形式，主要表现形式为民情恳谈会、民主沟通会、民主理财会、民主直通车、便民服务窗、社区议事会、居民论坛、乡村论坛等。以村、社区和企业为实施单位展开，每一单位占地面积不大、所辖人口不多，能够充分体现协商民主的包容性、平等性、公开性。在开展基层民主协商过程中，必须进一步提高广大基层领导干部对协商民主地位作用的认识，使他们明确凡是重大公共事务的政府行为都要争取群众的理解和支持，在达成共识的基础上作出符合公共利益的决策。必须建立一个让基层群众、组织和社区等利益相关方表达意见、协商讨论的制度化平台，有一条与群众协商沟通的有效渠道，有一种由群众参与决策的规范程序，有一套党委政府领导下的专家论证、群众参与的科学机制。

第二，健全基层群众自治机制。基层群众自治制度，包括城市居民委员会和农村村民委员会制度，是社会主义民主制度的重要内容，是我国一项基本政治制度。人民群众在基层事务中以制度化的方式参与管理和监督，已经成为必然的发展趋势。通过基层党组织领导的基层群众自治机制，人民群众直接行使民主权利，在城乡社区治理、基层公共事务和公益事业中依法自我管理、自我服务、自我教育、自我监督，并对干部实行民主监督。例如，有的城市在老旧小区改造、房屋拆迁中，由社区群众自我讨论、提出改造方案，由政府进行整合、协调，效果很好。许多地方的基层领导班子决策模式已经开始发生重大变化。要认真总结推广这方面成功经验，切实把基层群众自治机制作为人民当家做主最有效、最广泛的途径，作为发展社会主义民主的基础性工程，抓紧抓好。要以扩大有序参与、推进信息公开、加强议事协商、强化权力监督为重点，拓宽范围和途径，丰富内容和监督，把城市社区建设成为管理有序、服务完善、文明祥和的社会生活共同体。要建立健全居民、村民监督机制，完善对城乡社区中担负管理职责的人员的选举和罢免程序，自己选举自己的带头人，并把管理涉及的事务尽可能地向居民公开，加强权力监督。在农村，不仅要自选村委会干部，还要建立健全机构，完善监督机制。

第三，加强各类企事业单位和社会组织民主机制建设。全心全意依靠工人阶级，健全企事业单位和社会组织民主管理制度，保障职工的知情权、参与权、表达权、监督权是发展基层民主的重要方面。要健全以职工代表大会为基本形式的企事业单位民主管理制度，强化职工在本单位经营管理和各项事务中的民主管理、民主监督作用，审议企事业单位的重大决策，管理企事业单位内部事务，监督行政领导形式管理职权，积极培育各种有利于促进社会公共利益、基层民主和社会自治功能的社会组织，推动基层各类组织健康有序发展。在此基础上，充分发挥基层各类组织在维护群众利益、反映基层群众诉求、管理基层事务、扩大群众参与等方面的积极作用，增强基层各类组织的自治功能，实现政府管理和基层民主的有机结合。

7. 党的十八届三中全会对改进社会治理方式有什么要求?

党的十八届三中全会《决定》中明确提出要改进社会治理方式，从社会管理转向社会治理是我国社会管理从理念到体制的创新。《决定》强调，改进社会治理方式，坚持系统治理、坚持依法治理、坚持综合治理、坚持源头治理。对此，可从以下四个方面来进行正确把握。

第一，坚持系统治理，治理主体要从政府包揽向政府主导、社会共同治理转变。一是加强党委领导，充分发挥各级党委的领导核心作用。各级党委要发挥总览全局、协调各方作用，确保社会治理的正确方向。同时，要把基层党组织和广大党员组织起来，去做直接服务群众的工作，努力渗透到社会治理的各方面、各环节，把党的政治、组织优势转化为治理服务优势，提高引领社会、组织社会、治理社会、服务社会能力。二是发挥各级政府的主导作用。社会治理是政府的基本职能，但政府不能越位、错位、缺位。该由政府管的，一定要管好管到位，不能推给市场和社会；不该政府管的，应该交给市场和社会。三是鼓励和支持社会各方面参与。发挥社会组织作用，整合社会治理资源，积极推进建立政府调控机制同社会协同机制互联、政府行政功能同社会自治功能互补、政府管理力量与社会调节力量互动的社会协同治理网络。要创造公众参与条件，拓宽公众参与渠道，健全公众参与机制，把广大群众有效动员组织起来，形成社会治理、人人参与的局面。

第二，坚持依法治理，治理方式要从管控规制向法制保障转变。实施社会治理离不开强有力的法治保障。一是强化依法治理理念。依法治理是现代社会治理的基本方式，一切治理都要于法有据。善于用法治思维和法治方式治理社会，推动形成办事依法、遇事找法、解决问题用法、化解矛盾靠法的法治环境。二是切实加快社会治理领域的立法工作，依靠法律来规范个人、组织的行为，协调社会关系，监督和保护公共权力，保护公民合法权益，防止公共权力对公民权利的侵犯。三是各级执法机关要严格公正执法，努力把各项社会治理活动纳入法治轨道。四是加强法治宣传教育，弘扬法治精神，使每个社会成员都自觉学法、遵法、守法、用法。

第三，坚持综合治理，治理手段要从单一手段向多种手段综合运用转变。一是强化道德约束。道德在规范社会行为、维护社会秩序中发挥着持久性的基础作用，要善于运用道德的软力量，把法治与德治结合起来，发挥道德力量的示范和引导作用。二是规范社会行为。加快建立和完善行为规范体系，通过自律、互律、他律，把人们的行为尽可能地纳入共同行为准则的轨道，形成既要维护社会公共权益，又要尊重个人合法权益；既有统一意志，又有个人心情舒畅的社会环境。三是调节利益关系。善于运用教育、对话、协商、谈判等方式解决不同利益主体之间的利益冲突。四是协调社会关系。善于运用群众路线的方式、民主的方式、服务的方式，尽可能通过平等的对话、沟通、协商等办法来解决社会问题，化解社会矛盾。

第四，坚持源头治理，治理环节上要从事后处置向源头治理前移。一是标本兼治、重在治本。努力摆脱总是事后应对的被动局面，更多地把工作重心从治标转向治本、从事后救急转向源头治理，更加重视民生和制度建设，使社会治理关口前移，尽可能使社会矛盾和社会冲突少发生、少转化、少激化。二是以网格化治理、社会化服务为方向，健全基层综合服务管理平台。科学划分网格，把人、地、物、事、组织全部纳入网格，使网格服务管理人员承担起了解社情民意、采集治理信息、服务社区群众、化解矛盾纠纷等职能，把社会治理触角延伸到社会最末梢，把服务工作做到群众身边。三是及时反映和协调人民群众各方面、各层次利益诉求。社会矛盾说到底大多是利益矛盾，治本的办法是把握群众利益诉求点，协调平衡利益关系。特别要建立健全党和政府主导的维护群众权益机制，有效预防和化解社会矛盾。

8. 党的十八届三中全会对激发社会组织活力有什么要求？

我国社会组织主要包括社会团体、基金会、民办非企业单位。改革开放以来，社会组织在促进经济发展、繁荣社会事业、创新社会治理、提供公共服务等方面发挥了重要作用。党的十八届三中全会《决定》提出，正确处理政府和社会关系，加快实施政社分开，推进社会组织明确权责、依法自治、发挥作用。激发社会组织活力要重点加快以下四个方面的改革。

第一，创新社会组织培育扶持机制。适合由社会组织提供的公共服务和解决的事项，交由社会组织承担。一是加快政府职能转移。更好地发挥社会力量在公共事务管理中的作用，制定政府向社会组织转移职能的指导意见和转移事项目录，建立相应动态调整机制和公示制度。二是完善财税支持政策。建立政府向社会组织购买公共服务制度，制定指导目录和管理办法。支持和发展志愿服务组织。将符合条件的社会组织纳入政府产业扶持和社会事业发展扶持政策范围，促进民办社会事业和公办社会事业共同发展。三是公平对待社会力量提供医疗卫生、文化教育、群众健身、社区服务等公共服务，推进公共服务提供方式多样化和非基本公共服务提供主体多元化。鼓励金融机构为符合条件的社会组织提供信贷服务。

第二，加快实施政社分开。限期实现行业协会商会与行政机关真正脱钩。一是按照政社分开、管办分离的要求，分类推进行业协会商会在机构、人员、财务等方面与行政机关脱钩，改变行业协会商会行政化倾向。二是现职国家公务员不得兼任行业协会商会、基金会负责人。三是严格规范离退休国家公务员在社会组织担任负责人。四是尊重社会组织的法人主体地位，保障其合法权利，促进社会组织依法自治并独立承担法律责任。

第三，提升社会组织服务功能。一是按照社会主义市场经济的要求，加快推进行业协会商会类社会组织改革，发挥服务企业、规范行业、发展产业、助推经济等方面的作用。二是按照科教兴国、人才强国的战略要求，推动学会、研究会等科技类社会组织改革，发挥联系广大知识分子、推进理论创新、繁荣科学文化事业、提供人才智力支持作用。三是积极培育教育、文化、卫生、体育、社会福利、环境保护等公益慈善类社会组织，发挥其扶助弱势群体、建设生态文明、维护公平正义、传播公益理念等方面的积极作用。四是优先发展民办非企业单位、城乡基层社会组织等城乡社区服务类社会组织，满足城乡居民日益增长的多元化、多层次公共服务需求。五是按照统一登记、分级负责、转变职能、简政放权的要求，重点培育和优先发展行业协会商会类、科技类、公益慈善类、城乡社区服务类社会组织，成立时直接依法申请登记。

第四，严格依法监督管理。一是加强对社会组织的管理。完善法人治理、负责人管理、资金管理、信息披露、年度检查等制度，实行社会组织分类评估，制定社会组织合作活动等行为规范。完善行政执法制度，依法查处社会组织的违法违规行为。完善撤销登记、注销登记制度，形成社会组织退出机制。二是规范引导社会组织涉外活动。支持社会组织开展国际交流合作，利用国家对外援助资金到境外开展公益活动。鼓励行业协会商会代表我国企业参与国际市场标准和规则制定。规范社会组织对外合作、接受境外捐赠等涉外活动。三是加强对在华境外非政府组织的管理。加强涉外社会组织登记管理，制定境外非政府组织项目、资金、人员管理制度，制定境外非政府组织活动领域准入目录，引导境外非政府组织在我国经济、科技、教育、卫生、文化、体育、环保、慈善领域依法开展活动。

第二章　社区建设的基本概念

9. 什么是社区？

“社区”最早是由德国社会学家滕尼斯于1887年在《社区与社会》一书中提出的，指由具有共同价值观的同质人口组成的关系紧密、富有人情味的社会“共同体”。20世纪30年代初，费孝通将“社区”这一概念翻译过来，开始被许多学者引用。近些年，我国的很多社会学家对“社区”进行了深入细致的研究，而且对“社区”的理解和认识皆不相同。为统一社区的含义，中共中央办公厅、国务院办公厅在转发《民政部关于全面推进城市社区建设的意见》的通知（中办发〔2000〕23号）中，将社区界定为“聚居在一定地域范围内的人们所组成的社会生活共同体”。目前，我国城市社区的范围一般是指经过社区体制改革后作了规模调整的居民委员会辖区。

10. 什么是社区发展？

社区发展是社会发展行动在社区内的具体表现形式，指的是社区居民在政府和社会组织的支持下，成立社区组织，根据社区的共同需要，依靠社区力量，充分利用各种资源，来改善社区的经济、社会、文化状况的过程。社区发展目前已经成为国际上比较普遍的用来推动社会发展的手段。一般来说，就是社区在政府或外来机构和人员的协助下，与社区成员建立合作关系，了解社区成员需求，建立各种类型的组织，建设社区公共活动场所和设施，进行文化技能培训等各种活动，旨在充分利用社区的人力、物力资源，培养社区成员的自治精神和能力，互助合作，创造良好的社区生活条件。1955年，在联合国发表的《通过社区发展促进社会进步》报告中指出，社区发展主要就是在一定的地域范围内，组织和教育社区民众，从社区的共同利益和共同需要出发，有计划地引导社区内的组织和居民共同参加，以自身努力与政府联合一致，合理利用社区的资源和外来援助，改善社区的经济、社会和文化状况。

社区发展主要包括以下五个方面的内容：（1）建立社区组织，组建社区专业工作人员队伍；（2）调查社区居民需求，制订社区发展规划，引导社区发展走向正确的方向；（3）动员社区居民积极而广泛地参与到社区发展的过程中来，建立不同形式的兴趣组织和志愿组织，为社区发展提供支持；（4）寻找可以用来推动社区发展的各种资源，充分利用社区的现有资源，做到资源最大限度的共享共用；（5）建立社区发展的财政保障体系，保障社区发展有相应的发展资金和能力。

11. 什么是社区建设？

社区建设是指在党和政府的领导下，依靠社区力量，利用社区资源，强化社区功能，解决社区问题，促进社区政治、经济、文化、环境协调和健康发展，不断提高社区成员生活水平和生活质量的过程，也是建设管理有序、服务完善、环境优美、治安良好、生活便利、人际关系和谐的新型社区的过程，还是我国社会基层组织结构重组和社会资源整合的过程。社区建设是一项新的工作，是我国城市经济和社会发展到一定阶段的必然要求，是面向新时期我国城市现代化建设的重要途径。国家经济与社会发展“十二五”规划提出了未来五年社区建设的主要内容和基本任务：“健全基层管理和服务体系，推动管理重心下移，延伸基本公共服务职能；规范发展社区服务站等专业服务机构，有效承接基层政府委托事项；以居民需求为导向，整合人口、就业、社保、民政、卫生、文化以及综治、维稳、信访等管理职能和服务资源，加快社区信息化建设，构建社区综合管理和服务平台。”

12. 什么是社区治理？

党的十八届三中全会强调，要紧紧围绕更好地保障和改善民生、促进社会公平正义深化社会体制改革，改革收入分配制度，促进共同富裕，推进社会领域制度创新，推进基本公共服务均等化，加快形成科学有效的社会治理体制，确保社会既充满活力又和谐有序。社区作为社会的基本单元，社区治理是社会治理的重要内容。社区治理是指政府、社区组织、居民及辖区单位、营利组织、非营利组织等基于公共利益和社区认同，协调合作，有效供给社区公共物品，满足社区需求，优化社区秩序，实现群众自我管理、自我服务、自我教育、自我监督的过程与机制。社区治理是治理理论在社区领域的实际运用，是指对社区范围内公共事务所进行的治理。社区治理是社区范围内的多个政府、非政府组织机构，依据正式的法律、法规以及非正式的社区规范、公约、约定等，通过协商谈判、协调互动、协同行动等对涉及社区共同利益的公共事务进行有效管理，从而增强社区凝聚力，增进社区成员社会福利，推进社区发展进步的过程。

社区治理的特点有：（1）社区治理的主体多元化。尽管政府在社区治理过程中依然会发挥决定性的影响作用，但是社区治理的主体不再是单一的政府。在政府之外，还有其他治理主体，如企业、非政府组织、私人机构甚至个人，他们通过同政府机构，以及彼此之间建立起多种多样的协作关系，通过相互之间的协商与合作，来共同决定和处理社区公共事务，使得过去政府的社区管理趋向于社区治理。（2）社区治理的目标过程化。社区治理除了明确任务目标之外，过程目标更是其所注重的因素。社区治理要解决社区存在的问题，完成特定的、具体的经济社会发展任务。此外，社区治理还要培育社区治理的基本要素，包括调动社区居民参与公共事务，培育改善社区组织体系，建立正式、非正式的社区制度规范，建构社区不同行为主体互动机制等。这些社区治理的过程目标只有在社区治理的长期过程中才能逐渐培育起来。（3）社区治理的内容扩大化。社区治理的内容涉及社区成员社会生活的多个方面，事关社区成员的切身利益。它包括社区服务与社区照顾；社区安全与综合治理；社区公共卫生与疾病预防；社区环境及物业管理；社区文化和精神文明建设；社区社会保障与社区福利等。要做到社区公共事务的治理就必须最大限度地整合社区内外资源，构建社区治理机制，调动社区居民参与，达成社区事务的良好治理。（4）社区治理是多维度、上下互动的过程。社区治理区别于政府行政管理，其权力运行方式并不总是单一的、自上而下的。社区治理并不是通过发号施令、制定执行政策等来达到管理目标，而是通过协商合作、协同互动、协作共建等来建立对共同目标的认同，进而依靠人民内心的接纳和认同来采取共同行动，联合起来对社区公共事务进行良好的治理。多维度、上下互动的过程使得社区治理源于人们的同意和认可，而不是外界的强制和压力。

13. 什么是社区党组织？

社区党组织是指按照《中国共产党章程》的规定，在社区中成立的、以全体社区党员为组织对象的中国共产党的基层组织。中共中央办公厅、国务院办公厅在关于转发《民政部关于在全国推进城市社区建设的意见》的通知（中办发〔2000〕23号）中强调，要按照《中国共产党章程》的有关规定，结合社区党员的分布情况，及时建立健全社区党的组织，开展党的工作。社区党组织是社区组织的领导核心，在街道党组织的领导下开展工作，其主要职责是：宣传贯彻党的路线、方针、政策和国家的法律法规，团结、组织党支部成员和居民群众完成本社区所担负的各项任务；支持和保证社区居民委员会依法自治，履行职责；加强党组织的自身建设，做好思想政治工作，发挥党员在社区建设中的先锋模范作用。中共中央办公厅转发《中共中央组织部关于进一步加强和改进街道社区党的建设工作的意见》的通知（中办发〔2004〕25号）进一步要求，凡有3名以上正式党员的社区，都要单独建立社区党组织，尤其要重视及时在城市新区、开发区和新建居民区建立社区党组织的工作。在调整社区设置时，要同步调整、健全社区党组织。

14. 什么是社区居民委员会？

根据《中华人民共和国城市居民委员会组织法》规定，社区居民委员会的根本性质是党领导下的社区居民实行自我管理、自我教育、自我服务、自我监督的群众性自治组织。社区居民委员会的成员经民主选举产生，负责社区日常事务的管理。不设区的市、市辖区的人民政府或者其派出机关对居民委员会的工作给予指导、支持和帮助。居民委员会协助不设区的市、市辖区的人民政府或者其派出机关开展工作。中共中央办公厅、国务院办公厅《关于加强和改进城市社区居民委员会建设工作的意见》（中办发〔2010〕27号）文件强调，要以服务居民群众为宗旨，以提高居民文明素质和社会文明程度、促进社区和谐为目标，着力加强和改进社区居民委员会组织建设、队伍建设、制度建设、设施建设，努力把社区居民委员会建设成为功能完善、充满活力、作用明显、群众满意的基层群众性自治组织，进一步健全完善以社区党组织为核心的城市社区组织体系，为构建社会主义和谐社会奠定组织基础。

15. 什么是社区工作者？

社区工作者是指在社区党组织、社区居委会和社区服务站专职从事社区管理和服务，并与街道（乡镇）签订服务协议的工作人员。中共中央办公厅、国务院办公厅关于转发《民政部关于在全国推进城市社区建设的意见》的通知（中办发〔2000〕23号）中强调，社区建设需要大批专业的社区工作者。要采取向社会公开招聘、民主选举、竞争上岗等办法，选聘社区居委会干部，努力建设一支专业化、高素质的社区工作者队伍，尤其要从下岗职工和大中专毕业生中选聘政治素质好、文化程度高、工作能力强、热爱社区工作的优秀人才，经过法定程序，充实到社区工作者队伍中去。民政部《关于进一步推进和谐社区建设工作的意见》（民发〔2009〕165号）进一步强调要切实加强社区工作者队伍建设。根据党的政策和国家有关法律的规定，对城乡社区党组织、群众性自治组织以及其他需要选举产生的基层组织成员实行民主选举，把热爱社区工作、群众拥护的人，选进社区组织的领导班子。提倡社区党组织成员与自治组织成员通过民主程序实行交叉任职，鼓励年轻干部和大中专毕业生到城乡社区建功立业。加大从优秀社区工作者中考录公务员力度。及时组织对新当选或新任社区工作者开展业务培训和岗位轮训，每人每年受训时间一般不少于20小时，不断提高他们管理社会事务、协调利益关系、开展群众工作、处理矛盾纠纷、维护社会稳定的能力。逐步推进社区工作者的专业化、职业化，继续推动落实社区党组织成员、群众性自治组织成员及其聘用的服务人员的生活补贴、工资、保险等福利待遇问题，建立完善城乡社区工作经费和人员待遇正常增长机制。对成绩突出、居民满意的社区工作者，要及时给予表彰和奖励，鼓励他们在社区工作中创造优秀业绩。中共中央办公厅、国务院办公厅《关于加强和改进城市社区居民委员会建设工作的意见》（中办发〔2010〕27号）提出，要通过扩大社区居民委员会工作人员来源，加强对社区居民委员会工作人员的培训教育，关心社区居民委员会成员的成长进步等措施，努力壮大城市社区居民委员会工作队伍。

16. 什么是社区社会组织？

社区社会组织是指以社区为本、居民自愿组建的履行自我教育、自我管理、自我服务的各类非营利组织的总称。按照社区社会组织的不同功能，可以划分为社区联谊性组织，如艺术团、表演队等文体类组织；权益性组织，如业主委员会；志愿性组织，如义工协会、志愿者协会、互帮互助协会；专业性服务组织，如残疾人康复中心。加强社区社会组织建设，有利于提高社区居民参与社区建设的积极性和主动性，培养社区群众的民主意识；有利于深化社区服务，进一步实现社区服务社会化；有利于提高社区群众文明素质，提高居民自我教育、自我管理的水平；有利于转变政府职能。实践证明，社区社会组织有着蓬勃的生命力。

中共中央办公厅、国务院办公厅《关于加强和改进城市社区居民委员会建设工作的意见》（中办发〔2010〕27号）明确规定，社区居民委员会要积极培育社区服务性、公益性、互助性社会组织，对不具备登记条件的社区服务性、公益性、互助性社会组织，要主动帮助办理备案手续，并在组织运作、活动场地等方面为其提供帮助。社区党组织要加强对社区各类社会组织的政治领导，注意培养社区社会组织负责人队伍。要通过政府购买服务、设立项目资金等途径，积极引导各种社会组织和各类志愿者参与社区管理和服务，鼓励和支持社区居民开展互助服务，使之成为推进社区居民委员会工作的重要力量。

17. 什么是社区服务？

社区服务是指为满足社区成员的多种需要，由政府、社区居民委员会及其他多方面力量直接为城乡社区成员提供的公共服务及其他物质、文化、生活等方面的服务。随着社会主义市场经济的发展和城镇化进程的加快，城市社区在经济社会发展中的地位越来越重要，社区居民对社区服务的需求越来越多，要求越来越高。做好社区服务工作对于提高居民生活质量、扩大就业、化解社会矛盾、促进和谐社会建设都具有重要意义。中共中央办公厅、国务院办公厅关于转发《民政部关于在全国推进城市社区建设的意见》的通知（中办发〔2000〕23号）提出，社区服务主要是开展面向老年人、儿童、残疾人、社会贫困户、优抚对象的社会救助和福利服务，面向社区居民的便民利民服务，面向社区单位的社会化服务，面向下岗职工的再就业服务和社会保障社会化服务。社区服务是社区建设重点发展的项目，具有广阔的前景，要坚持社会化、产业化的发展方向。《国务院关于加强和改进社区服务工作的意见》（国发〔2006〕14号）进一步强调，要大力推进公共服务体系建设，使政府公共服务覆盖全社区，推进社区就业服务、社区社会保障服务、社区救助服务、社区卫生和计划生育服务、社区文化、教育、体育服务、社区流动人口管理和服务、社区安全服务。要充分发挥社区居委会在社区服务中的作用，培育社区服务民间组织，组织开展社区志愿服务活动，鼓励和支持各类组织、企业和个人开展社区服务；同时加强领导和政策指导，强化社区服务监管。

18. 什么是社区服务体系？

社区和谐是社会和谐的基础，健全社区服务体系、强化社区自治和服务功能是社区和谐的前提。随着经济社会的快速发展，社会结构快速转型，大量“单位人”、“社会人”转变为“社区人”，社区日益成为社会成员的集聚点、社会需求的交会点、政府社会管理的着力点和党在基层执政的支撑点，构建以社区为重点的基层社会管理和服务体系已成为加强社会建设和创新社会管理的当务之急，得到了党中央和国务院的高度重视。国务院印发的《社区服务体系建设规划(2011—2015)》(国办发〔2011〕61号)（以下简称《规划》）指出，社区服务体系是指以社区为基本单元，以各类社区服务设施为依托，以社区全体居民、驻社区单位为对象，以公共服务、志愿服务、便民利民服务为主要内容，以满足社区居民生活需求、提高社区居民生活质量为目标，党委统一领导、政府主导支持、社会多元参与的服务网络及运行机制。社区居民既是社区建设和发展的受益者，也是社区管理和服务的参与者，政府引导包括社会组织和志愿者在内的社会力量有序参与，发挥多元主体在社区服务体系建设中的积极作用，是社区服务体系建设的基本经验和基本原则。

19. 什么是社区服务业?

民政部、劳动保障部等十四部门联合发文《关于加快发展社区服务业的意见》(民福发〔1993〕11号)，其中对社区服务业的界定是，在政府倡导下，为满足社会成员多种需求，以街道、镇和居委会的社区组织为依托，进行的具有社会福利性的居民服务业。社区服务业由社区福利服务业、便民利民服务业和职工社会保险管理服务业组成，是社会保障体系和社会化服务体系中的一个重要行业。社区服务业具有福利性、群众性、服务性、区域性四大特点，目前，已形成了以社区服务中心为骨干，以老年人、残疾人、优抚对象服务和便民利民服务为主要内容，以发展社区服务实体来增强自我发展能力的社区服务业格局。作为新时期探索社会福利社会办和职工福利向社会开放的一条新路子，社区服务适应了政府转变职能，从管理型政府向服务型政府转变。新型社会管理模式要求将大多数公共产品的生产交给社会组织、商业组织来承担，并为其提供资源、空间和机会。特别是社区为民的一些公益性服务，如文化、体育、医疗等，是直接面向社区居民开展的服务，有利于经济的发展、社会的安定、人民生活质量的提高，促进了社区精神文明建设，受到了广大基层干部和人民群众的欢迎。

20. 什么是社区志愿服务?

民政部等九部门联合下发的《关于进一步做好新形势下社区志愿服务工作的

意见》（民发〔2005〕159号）指出，社区志愿服务是社会组织和个人自愿用自身的时间、技能等资源，在社区为居民和社区慈善事业、公益事业提供帮助或服务的行为；从事志愿服务的志愿者（亦称义工），其数量和素质是社会进步的重要标志，也是社会发展的重要指标。进一步做好新形势下社区志愿服务工作，有利于整合社区资源，健全社会服务体系，依靠社会力量解决社会问题，满足居民群众日益增长的物质文化和生活需求；有利于增进人与人之间的感情，形成平等友爱、尊老爱幼、融洽和谐的人际环境，化解社会矛盾，维护社会稳定，促进社会和谐；有利于增强各种社会组织尤其是居民群众的社会责任，弘扬“出入相邻、守望相助”、“人人为我、我为人人”的良好社会风尚，提高参与社会建设和管理的能力；有利于密切党同人民群众的联系，巩固党在城市基层的执政基础。开展社区志愿服务的重点领域是：以社区老年人、未成年人、外来务工人员、下岗失业人员、残疾人和低收入家庭为重点服务对象，把社会救助、慈善公益、优抚助残、敬老扶幼、治安巡逻、环境保护、社区矫正、科普咨询和法律援助等作为重点服务领域，使社区志愿服务与满足居民群众最迫切的需要更好地结合起来，与建设和谐社区的各项任务更好地结合起来。文件强调要充分发挥群众团体、社区组织在社区志愿服务中的重要作用，建立健全开展社区志愿服务的长效机制。

21. 什么是“四进社区”？

中央文明办等九部门下发的《关于开展科教、文体、法律、卫生“四进社区”活动的通知》（文明办〔2002〕2号）明确提出，为进一步丰富社区文化生活，宣传普及科学知识，增强居民法律意识，提高居民生活质量，满足人民群众不断增长的精神文化需求，根据中央文明委2002年工作安排，中央文明办、中央综治办、文化部、卫生部、国家体育总局、中国科协、共青团中央、全国妇联决定联合在全国开展科教、文体、法律、卫生“四进社区”活动。2005年中央文明办等十部门又下发了《关于进一步深化科教、文体、法律、卫生“四进社区”活动，努力为构建社会主义和谐社会创造良好环境的通知》（文明办〔2005〕10号），对“四进社区”作了进一步阐述。“科教进社区”，即以“讲科学文明、建和谐社区”为主题，以人与自然和谐相处为目标，广泛开展科普展览、科学知识竞赛、科普旅游、科普文艺表演等群众喜闻乐见的科普活动，实现“科教进社区”活动的经常化、群众化和社会化。“文体进社区”，即以促进社区居民之间的相互交流与沟通、建立新型的社区人际关系为目标，依托社区文体场所，广泛组织丰富多彩的社区群众性文体活动，使社区文化呈现“周周有活动、月月有高潮、处处有亮点、区区有特色”的生动局面。“法律进社区”，即积极推动“三官两员”（警官、法官、检察官、律师、公证员）进社区活动，与社区建立长期指导服务制度，广泛开展法律咨询、普法宣传展览、法律援助等活动，及时化解社区居民的各种矛盾和问题，疏导社会情绪，维护社会稳定。“卫生进社区”，即从解决社区居民就医难等实际问题入手，建立健全社区医疗卫生服务站，提高医疗水平，规范服务行为，为社区居民提供优质便捷的医疗卫生服务。

22. 什么是社区居家养老服务?

我国是人口大国，也是老年人口最多的国家。中华民族素有敬老、尊老的传统，随着经济社会的发展，人民生活水平的提高，社会生活方式的转变，老年群体在日常生活照顾、精神慰藉、心理支持、康复、护理、临终关怀、紧急救助等方面呈现出日益增长的需求。妥善处理人口老龄化问题，关心老年人的需求，加快发展养老服务业，是贯彻落实科学发展观、坚持以人为本的具体体现。国务院办公厅转发全国老龄委办公室和发展改革委等部门联合下发的《关于加快发展养老服务业意见的通知》（国办发〔2006〕6 号）指出，发展养老服务业要按照政策引导、政府扶持、社会兴办、市场推动的原则，逐步建立和完善以居家养老为基础、社区服务为依托、机构养老为补充的服务体系。2012 年 12 月 28 日修订的《中华人民共和国老年人权益保障法》中也明确规定，地方各级人民政府和有关部门、基层群众性自治组织，应当将养老服务设施纳入城乡社区配套设施建设规划，建立适应老年人需要的生活服务、文化体育活动、日间照料、疾病护理与康复等服务设施和网点，就近为老年人提供服务。

社区居家养老是指老年人按照我国民族生活习惯，选择居住在家庭中安度晚年生活的养老方式。它以社区为平台，通过整合社区内各种服务资源，为老年人提供助餐、助洁、助浴、助医等服务（其中，创办老年食堂是开展社区居家养老助餐服务的重点和难点），使老年人老有所养、老有所依、老有所学、老有所教、老有所为、老有所乐。这种服务模式既解决了在养老院养老亲情薄的问题，又解决了传统居家养老服务不足的难题，是一种介于家庭养老和机构养老之间的新型养老模式。

2013 年 9 月，国务院又下发了《关于加快发展养老服务业的若干意见》（国发〔2013〕35号），提出到2020年要全面建成以居家为基础、社区为依托、机构为支撑的，功能完善、规模适度、覆盖城乡的养老服务体系，社区居家养老将发挥重大的基础性作用。

23. 什么是“中国社区”标识？

为加强城乡社区标识规范化管理，自2010年7月起，民政部在全国范围内开展了“中国社区”主题标识征集活动，得到了广大城乡社区干部群众的积极关注和广泛响应。经严格评审并经部长办公会审定，确定了拟在全国城乡社区推广使用的“中国社区”标识。“中国社区”标识由图案与文字组合而成，整体色彩以中国红为主色调，体现了鲜明的中国特色，寓意吉祥。图形整体呈开放的菱形，内部包含中国结图案，菱形与中国结象征汉字“区”字，标示出社区对特定地域的依着关系。“区”字内部图案为三个手臂相挽的人，寓意“三人成众”，即社区居民的团结协作；同时也可理解为三颗彼此联结的心，寓意社区居民的交流融通。图案向下部分是篆体的“中”字，富有动感，体现了城乡社区建设蓬勃发展的生机活力。“中”字右侧为标识的文字部分，手写体的“国社区”与左侧的“中”字组成整个名称。右下方红色狭长区域书写英文名称，也可针对少数民族或其他语言环境，选用相应的语言进行书写。区域左侧与中字下方形成互补关系，形如彩云飘出。

民政部关于《关于做好“中国社区”标识启用工作的通知》（民发〔2012〕66号）强调“中国社区”标识是城乡社区的共同象征，展现了城乡社区建设蓬勃发展、城乡社区居民团结向上的良好风貌，已在国家工商行政管理总局商标局进行官方标识备案。逐步启用统一标识，着力打造城乡社区一体化发展新形象，是统筹推进城乡社区建设的重要举措，有助于夯实城乡社区在创新社会管理中的基础性地位，争取各级党委政府重视支持；有助于加快城乡社区服务规范化进程，提高服务水平和服务质量；有助于增强城乡居民社区认同感、归属感，调动社会各界共同建设社区美好家园的积极性。各级民政部门应积极推动统一标识的使用。

24. 什么是绿色环保型社区？

提倡人与自然和谐相处，使居民树立强烈的环保意识，创建“绿色环保型社区”是构建和谐社区的基本要求之一。构建和谐社区，除了处理好人与人之间的关系之外，引导居民爱护社区环境，创造一个整洁美丽的家园也是一个非常重要的方面。社区环境治理，贵在人人参与。要在社区内倡导环保从个人、家庭、社区做起，逐步提高民众的环境意识、参与意识和环境道德素质，使“绿色理念”渐渐扎根居民心里。社区要通过宣传教育、图片展览等多种形式，让社区居民树立“爱护社区就是爱护自己，美化社区就是美化自己”、“社区连着你我他，环境优美靠大家”的意识。同时，要加大对社区环境建设、环境治理的投入，增加社区绿地面积和植被，处理好社区内的污染源问题，可以通过建立保护社区环境志愿者服务队等形式，让社区居民共同参与到创建绿色社区、绿色家园的大氛围中来。

“绿色环保型社区”是指具备一定的符合环保要求的“软”、“硬”件设施，建立起较完善的环境管理体系和公众参与机制的文明社区。“绿色环保型社区”的硬件建设主要包括绿色建筑、社区绿化、垃圾分类、污水处理、节水节能等设施。是在传统社区的基础上将“人与自然和谐共生”作为主旨，从社区的开始设计到消费、管理始终贯彻绿色的理念，让社区达到既保护环境又有益于人们的身心健康，同时又与城市经济、社会、环境的可持续发展相统一。“绿色环保型社区”的主要标志是：有健全的环境监督管理体系，有完备有效的污染防治措施，有健康优良的生态环境，有良好的环境文化氛围，居民整体环境意识较高。

25. 什么是文明社区？

在创建文明城市工作中逐步兴起的创建文明社区活动，是人民群众在党的领导下创造美好生活的生动实践，是把精神文明建设落实到基层的有效载体。2000年，为了加强社区精神文明建设，发挥社区在城市改革、发展、稳定方面的作用，《中央精神文明建设指导委员会关于在城市深入开展创建文明社区工作的若干意见》（文明委〔2000〕5号）明确提出在全国城市深入开展创建文明社区活动。深入开展创建文明社区工作，是加强思想政治工作和精神文明建设的迫切需要，是加强城市建设和城市管理的迫切需要，是改善居民生活环境、维护社会政治稳定的迫切需要，是密切党同群众关系、巩固党的执政基础的迫切需要。

文明社区是指以行政区划的街道办事处为载体，其辖区内有一定数量的文明小区，能够连点成块，能发动辖区内所有企事业单位和居民群众共同参与精神文明建设活动，形成资源共享、优势互补的整体合力。文明社区的标准是：（1）组织机构健全、基础设施完善；（2）环境整洁优美、绿化美化达标；（3）治安状况良好、社会秩序稳定；（4）邻里关系和睦、社区风尚良好；（5）服务网络健全、群众文化丰富；（6）共建共育，形成合力。

创建文明社区的主要任务集中于以下方面：开展社区教育，提高居民素质；搞好综合治理，保障安居乐业；发展社区服务，提高生活质量；开展文体活动，丰富文化生活；加强设施建设，完善社区功能。

26. 什么是防灾减灾示范社区？

党中央、国务院高度重视减灾工作，把防灾减灾作为实现国民经济社会可持续发展总体目标的重要保障。1998年国务院颁布实施《中华人民共和国减灾规划（1998—2010年）》以来，各地区、各部门、各行业大力加强减灾工程和非工程建设，国家防灾减灾能力明显提高，灾害损失占GDP比例有了明显下降。按照《中华人民共和国减灾规划（1998—2010年）》的要求，各地积极开展了“全国综合减灾示范社区”创建活动，为了更好地指导各地开展社区综合减灾工作，顺应综合减灾工作发展要求，国家减灾委员会办公室对原《“减灾示范社区”标准》（民函〔2007〕270号）进行了修订完善，制定了《全国综合减灾示范社区标准》（国减办发〔2010〕6号），规定“全国综合减灾示范社区”必须具备的基本条件是：（1）社区居民对社区综合减灾状况满意率大于70%。（2）社区近3年内没有发生因灾造成的较大事故。（3）具有符合社区特点的综合灾害应急救助预案并经常开展演练活动。需要具备的基本要素是：（1）综合减灾工作组织与管理机制完善。成立了社区综合减灾工作领导小组，建立了综合减灾示范社区工作机制。(2）开展灾害风险评估。(3）制定综合灾害应急救助预案。(4）经常开展减灾宣传教育与培训活动。（5）社区防灾减灾基础设施较为齐全。(6）居民减灾意识与避灾自救技能提升。(7）广泛开展社区减灾动员与减灾参与活动。(8）管理考核制度健全。(9）档案管理规范。(10）社区综合减灾特色鲜明。

第三章　社区建设的基本内容

第一节　社区党组织建设

27. 社区党组织建设的主要内容是什么？

社区是党在城市工作的基础，社区党建工作是党的基层组织建设的重要组成部分。在全面建设小康社会、加快推进社会主义现代化的新的发展阶段，我国城镇化进程不断加快，城市综合实力不断增强，城市基层管理体制改革不断深化，社区在城市工作中的地位越来越重要，社区党组织承担的任务日益繁重。新经济组织、新社会组织大量涌现，迫切需要依托社区党组织加强这些组织中的党建工作，不断扩大党在城市工作的覆盖面；越来越多的“单位人”转为“社会人”，大量退休人员、下岗失业人员和流动人员进入社区，迫切需要街道、社区党组织转变管理和工作方式，做好新形势下的群众工作，形成社区群众各尽其能、各得其所而又和谐相处的局面，巩固党执政的社会基础；社区群众的物质文化需求日益呈现出多层次、多样化的趋势，迫切需要增强街道、社区党组织的领导、协调功能和街道、社区的服务功能，全面推进社区建设。

2004年中共中央办公厅转发《中共中央组织部关于进一步加强和改进街道社区党的建设工作的意见》的通知（中办发〔2004〕25号），对社区党组织建设的主要内容作了规定：以邓小平理论和“三个代表”重要思想为指导，紧紧围绕城市改革发展稳定的大局，紧密结合城市社区建设的实际，以保持党同人民群众的血肉联系为核心，以服务群众为重点，构建城市社区党建工作新格局，提高街道、社区党组织的创造力、凝聚力和战斗力，扩大党在城市工作的覆盖面，为创建管理有序、服务完善、环境优美、文明祥和的新型社区，促进城市现代化建设提供坚强的组织保证。

28. 社区党组织建设的目标是什么?

为深入贯彻落实党的十六大和十六届四中全会关于以服务群众为重点，构建城市社区党建工作新格局的要求，进一步夯实党在城市基层的执政基础，增强党的执政能力，促进城市现代化建设，中共中央办公厅转发的《中共中央组织部关于进一步加强和改进街道社区党的建设工作的意见》的通知（中办发〔2004〕25号）中规定，社区党组织建设的目标是要努力实现“五个好”的要求：（1）领导班子好。领导班子及其成员能够认真执行党的路线方针政策，密切联系群众，政治坚定，求真务实，开拓创新，勤政廉政，团结协作。（2）党员干部队伍好。街道干部、社区工作者能够发挥骨干带头作用，共产党员能够发挥先锋模范作用。（3）工作机制好。街道、社区党组织工作制度健全、运行规范，社区党建工作协调机制完善。（4）工作业绩好。社区各项事业协调发展，基层民主政治建设和精神文明建设成效明显，社区治安良好。（5）群众反映好。社区群众和驻区单位对街道、社区党组织的工作满意，街道、社区党组织得到社区群众的拥护。

29. 社区党组织的主要职责是什么?

社区党支部（总支、党委）是党在街道、社区全部工作和战斗力的基础，是街道、社区各种组织和各项工作的领导核心。中共中央办公厅在转发《中共中央组织部关于进一步加强和改进街道社区党的建设工作的意见》的通知（中办发〔2004〕25号）中规定，社区党组织的主要职责是：（1）宣传和执行党的路线方针政策，宣传和执行党中央、上级党组织和本组织的决议，团结、组织干部和群众，努力完成社区各项任务。（2）讨论决定本社区建设、管理中的重要问题。（3）领导社区居民自治组织，支持和保证其依法充分行使职权，完善公开办事制度，推进社区居民自治；领导社区群众组织，支持和保证其依照各自的章程开展工作。（4）联系群众、服务群众，宣传群众、教育群众，反映群众的意见和要求，化解社会矛盾，维护社会稳定。（5）组织党员和群众参加社区建设。（6）加强社区党组织自身建设，做好党员的教育管理和发展党员工作。

30. 社区党组织建设工作如何创新?

中共中央办公厅在转发《中共中央组织部关于进一步加强和改进街道社区党

的建设工作的意见》的通知（中办发〔2004〕25号）中规定，社区党组织建设工作创新要以改革的精神研究新情况、解决新问题；坚持求真务实，与时俱进，针对不同地区、不同类型的街道、社区党建工作的特点，加强分类指导；以点带面，抓好街道、社区党建示范区建设，大力表彰先进典型，不断提高街道、社区党建工作的整体水平；更新管理理念，创新服务方式，拓宽服务领域，强化服务功能，充分发挥社区党组织和共产党员服务群众、凝聚人心的作用。

第二节　社区居民委员会建设

31. 社区居民委员会如何设置？

社区居民委员会是居民自我管理、自我教育、自我服务的基层群众性自治组织。《中华人民共和国城市居民委员会组织法》第六条规定：居民委员会根据居民居住状况，按照便于居民自治的原则，一般在一百户至七百户的范围内设立。居民委员会的设立、撤销、规模调整，由不设区的市、市辖区的人民政府决定。随着经济社会的发展，居民委员会的管理范围不断扩大，中共中央办公厅、国务院办公厅《关于转发〈民政部关于在全国推进城市社区建设的意见〉的通知》（中办发〔2000〕23号）中提出，要以改革创新的精神，按照便于服务管理，便于开发社区资源，便于社区居民自治的原则，并考虑地域性、认同感等社区构成要素，对原有街道办事处、居民委员会所辖区域做适当调整，以调整后的居民委员会辖区作为社区地域，并冠名社区，叫社区居民委员会。中共中央办公厅、国务院办公厅《关于加强和改进城市社区居民委员会建设工作的意见》（中办发〔2010〕27号）进一步强调，社区居民委员会的设置要充分考虑公共资源配置和人口规模、管理幅度等因素，按照便于管理、便于居民自治的原则，确定管辖范围，一个社区原则上设置一个社区居民委员会。

32. 社区居民委员会成员如何产生？

《中华人民共和国城市居民委员会组织法》第八条规定：居民委员会主任、副主任和委员，由本居住地区全体有选举权的居民或者由每户派代表选举产生；根据居民意见，也可以由每个居民小组选举代表2~3人选举产生。居民委员会每届任期三年，其成员可以连选连任。年满18周岁的本居住地区居民，不分民族、种族、性别、职业、家庭出身、宗教信仰、教育程度、财产状况、居住期限，都有选举权和被选举权；但是，依照法律被剥夺政治权利的人除外。

33. 社区居民委员会的主要职责是什么？

《中华人民共和国城市居民委员会组织法》第三条对居民委员会的任务作出了明确规定：（1）宣传宪法、法律、法规和国家的政策，维护居民的合法权益，教育居民履行依法应尽的义务，爱护公共财产，开展多种形式的社会主义精神文明建设活动；（2）办理本居住地区居民的公共事务和公益事业；（3）调解民间纠纷；（4）协助维护社会治安；（5）协助人民政府或者它的派出机关做好与居民利益有关的公共卫生、计划生育、优抚救济、青少年教育等工作；（6）向人民政府或者它的派出机关反映居民的意见、要求和提出建议。

随着经济、社会的发展，居民委员会的职责内容不断丰富，2010 年，中共中央办公厅、国务院办公厅印发《关于加强和改进城市社区居民委员会建设工作的意见》（中办发〔2010〕27 号），进一步明确规定了社区居民委员会的主要职责：（1）依法组织居民开展自治活动。社区居民委员会是社区居民自治的组织者、推动者和实践者，要宣传宪法、法律法规和国家的政策，教育居民遵守社会公德和居民公约，依法履行应尽义务，开展多种形式的社会主义精神文明建设活动；召集社区居民会议，办理本社区居民的公共事务和公益事业；开展便民利民的社区服务活动，兴办有关服务事业，推动社区互助服务和志愿服务活动；组织居民积极参与社会治安综合治理、开展群防群治，调解民间纠纷，及时化解社区居民群众间的矛盾，促进家庭和睦、邻里和谐；管理本社区居民委员会的财产，推行居务公开；及时向人民政府或者它的派出机关反映社区居民群众的意见、要求和提出建议。（2）依法协助城市基层人民政府或者它的派出机关开展工作。社区居民委员会是党和政府联系社区居民群众的桥梁和纽带，要协助城市基层人民政府或者它的派出机关做好与居民利益有关的社会治安、社区矫正、公共卫生、计划生育、优抚救济、社区教育、劳动就业、社会保障、社会救助、住房保障、文化体育、消费维权以及老年人、残疾人、未成年人、流动人口权益保障等工作，推动政府社会管理和公共服务覆盖全社区。（3）依法依规组织开展有关监督活动。社区居民委员会是社区居民利益的重要维护者，要组织居民有序参与涉及切身利益的公共政策听证活动，组织居民群众参与对城市基层人民政府或者它的派出机关及其工作人员的工作、驻社区单位参与社区建设的情况进行民主评议，对供水、供电、供气、环境卫生、园林绿化等市政服务单位在社区的服务情况进行监督。指导和监督社区内社会组织、业主委员会、业主大会、物业服务企业开展工作，维护社区居民的合法权益。

第三节　社区服务体系建设

34. 我国社区服务体系建设的发展目标是什么？

为适应统筹城乡经济社会发展，加强和创新社会管理需要，强化社区自治和服务功能，保障和改善民生，促进社会和谐稳定，2011 年 12 月 20 日国务院办公厅印发了《社区服务体系建设规划（2011—2015 年）》（国办发〔2011〕61 号），提出了我国社区服务体系建设的发展目标：从我国基本国情和经济社会发展现实出发，按照加强和创新社会管理的总体要求，进一步健全新型社区管理和服务体制，强化社区服务体系和信息化建设，到 2015 年初步建立起较为完善的社区服务设施、服务内容、服务队伍、服务网络和运行机制，农村社区服务试点工作有序推进。具体任务是：（1）合理配置社区服务设施。力争到“十二五”时期末，社区服务设施综合覆盖率达到 90%，每百户居民拥有的社区服务设施面积不低于 20 平方米，基本建成以社区综合服务设施为主体、各类专项服务设施相配套的综合性、多功能的社区服务设施网络。积极推进社区服务信息化建设，在有条件的地区，建设社区综合服务信息平台，逐步提高社区信息装备条件和社区服务的信息化水平。（2）优化社区服务内容。推动社区公共服务广覆盖，群众性互助和志愿服务制度化，社区专业服务和商业服务规范便利，建立公共服务、便民利民服务、志愿服务有效衔接的社区服务体系，实现居民群众生活舒适方便。力争到“十二五”时期末，基本公共服务项目覆盖所有社区。（3）壮大社区服务队伍。扩大来源渠道，提高社区服务人员的专业化、职业化水平，大力推行社区志愿者注册登记制度。力争到“十二五”时期末，新增社区服务从业人员 200 万人，每个社区至少拥有一名大学生或一名社会工作专业人员，80% 以上的社区党员和 30% 以上的社区居民参与社区志愿服务活动，基本形成一支专业素质较高、服务能力较强、社区居民满意的社区服务队伍。（4）完善社区服务体制机制。完善社区服务体系建设的法律法规和政策，建立健全社区组织，着力理顺社区内外权责关系，健全政府部门之间的协调机制、政府与社区之间的协作机制、社区组织之间的互动机制，优化社区服务发展的制度环境。支持引导社区自治组织、各类社会组织、志愿者参与社区服务。力争到“十二五”时期末，80%以上的社区居民委员会实行直接选举，每个社区拥有5个以上的社区社会组织，80%以上的驻区单位与社区签订共驻共建协议。基本建立多方参与、优势互补、利益协调、规范有序的社区服务运行机制。

35. 我国社区服务体系建设的重点任务是什么？

2011年12月20日国务院办公厅印发的《社区服务体系建设规划（2011—2015年）》（国办发〔2011〕61号）指出，我国社区服务体系建设的重点任务是：

1. 发展多层次、多样化的社区服务

（1）积极推进公共服务覆盖到社区。依托社区综合服务设施和专业服务机构，开展面向全体社区居民的劳动就业、社会保险、社会服务、医疗卫生、计划生育、文体教育、社区安全、法制宣传、法律服务、法律援助、人民调解、邮政服务、科普宣传、流动人口服务管理等服务项目，切实保障优抚对象、低收入群体、未成年人、老年人、残疾人等社会群体服务需求。（2）大力发展便民利民服务。完善社区便民利民服务网络，优化社区商业结构布局。鼓励和支持各类组织、企业和个人兴办居民服务业，重点发展社区居民购物、餐饮、维修、美容美发、洗衣、家庭服务、物流配送、快递派送和再生资源回收等服务，培育新型服务业态和服务品牌。（3）大力发展社区志愿服务。根据社区居民构成，培育不同类型、不同层次的社区志愿服务组织。积极推行党员到居住地社区报到制度和党员社区表现反馈制度，充分发挥共产党员的先锋模范作用。组织和带动公务员、专业技术人员、教师、共青团员、青少年学生以及身体健康的离退休人员等加入志愿者服务队伍。

2. 完善社区服务设施网络

加大社区服务基础设施建设投入，综合考虑服务人群和覆盖半径，逐步建立起以社区综合服务设施为依托、专项服务设施为补充、服务网点为配套、社区信息平台为支持的社区服务设施网络。（1）合理布局社区服务设施网络。按照人口规模适度、服务管理方便、资源配置有效、功能相对齐全、社区居民自愿的要求，以市辖区、县级市为单位，依据城乡规划和土地利用总体规划，合理确定社区服务设施的数量、选址布局、建设方式、功能划分。（2）完善社区服务设施功能。完善社区服务站的以下主要功能：一是组织居民开展民主议事、纠纷调解、公益慈善、邻里互助、志愿服务等活动；二是代办代理公共服务事项，保障各项公共服务覆盖到社区全体居民；三是为社区居民提供文体教育、健康休闲、养老抚幼、困难帮扶、信息邮政、家庭服务等便民利民服务；四是为社区党组织和自治组织提供办公和活动场所；五是采集基础信息，反映居民诉求。（3）大力推进社区信息化建设。改善社区信息基础设施，加快推进宽带接入。推广适合社区居民需求的信息化手段，提高居民信息技术运用能力。整合社区就业、社保、低保、卫生、计生、文化、培训等公共服务信息，发展面向社区居民的“一站式”服务。

3. 加强社区服务人才队伍建设

建立一支以社区党组织和社区自治组织成员为骨干，以社区专职工作人员为重点，以政府派驻人员、其他社区服务从业人员和社区志愿者为补充的社区服务人才队伍。（1）制订社区服务人才队伍培养发展计划。按照《国家中长期人才发展规划纲要（2010—2020）》要求，把社区服务人才队伍建设纳入当地人才发展规划，研究制订社区服务人才队伍培养发展计划，鼓励、吸引优秀人才向社区流动。（2）充实壮大社区居民委员会干部队伍。依章依法选齐配强社区“两委”班子成员，逐步扩大社区党组织领导班子和社区居民委员会直接选举范围。健全居民委员会下属委员会，选齐配强居民小组长、楼院门栋长。（3）积极推进社区服务人才队伍专业化、职业化。根据工作需要，面向社会公开招聘，配备一定数量的专职社区工作者。积极开发社区服务工作岗位，扩大就业范围，吸纳更多人员从事社区服务工作。（4）建立和健全社区服务人才培养制度。鼓励社区服务人员立足岗位、自学成才，支持他们参加社会工作等各种职业资格考试和学历教育考试，采取多种方式加强对现有社区服务人员的培训，不断提高他们的服务意识、职业素质和专业水平。建立健全人才激励制度，依照相关法律政策规定落实社区服务人员的生活补贴、工资、社会保险等福利待遇。

4. 推进社区服务体制机制创新

（1）建立健全社区服务组织，建立健全社区党组织、社区居民自治组织。辖区人口较多的，可根据工作需要建立社区专业服务机构，实现对社区全体成员的全员管理和无缝隙管理服务。（2）理顺职责权限及相互关系。普遍推行社区公共服务事项准入制度，凡城区、街道层面能办理的社会管理和公共服务事项不再向社区延伸；凡属于基层政府及其职能部门、街道办事处职责范围内的事项不得转嫁给社区组织。

36. 社区公共服务设施建设的内容、方式及资金来源是什么?

国务院办公厅印发的《社区服务体系建设规划（2011—2015 年）》（国办发〔2011〕61 号）对社区公共服务设施建设的内容作了如下规定："十二五"时期，以居民需求为导向，因地制宜地建立健全社区服务中心、社区服务站设施网络，构建以社区为基础的城乡基层社会管理和公共服务平台，提升社区基本公共服务能力。

社区公共服务设施的建设，要充分利用现有公共设施，通过新建、改扩建、购置改造等方式改善服务条件；有条件的地方，要根据实际情况对各类社区专项服务设施进行合理整合，统筹建设。

社区公共服务设施建设的资金以地方投入为主，充分调动社会各方面力量，多渠道筹措资金，共同参与建设，中央通过基建投资给予适当支持。

37. 社区服务人才队伍建设的内容、方式及资金来源是什么?

国务院办公厅印发的《社区服务体系建设规划（2011—2015 年）》（国办发〔2011〕61 号）规定，社区服务人才队伍建设的内容是，建立社区服务人才职业化、专业化标准体系和评估制度，加强对社区服务人员的教育培训，推行社区志愿者注册登记制度。

社区服务人才队伍建设的方式是，落实"一社区一名大学生"政策，实施 50 万大学生服务社区计划。支持社区服务人员参加各种职业资格考试和学历教育，对社区服务人员进行系统培训，每名社区服务人员至少培训一次。依托高等院校、科研机构、各类培训机构，设立 31 个社区服务人才培训基地，通过现有国家科技计划（基金）等渠道，加强对社区服务领域重大问题的研究，推进专业建设、教材编写、师资培训。开发应用社区志愿者注册登记系统，注册社区志愿者达到本地区居民总数的 10% 以上，每个社区拥有 5 支以上志愿者服务队伍。

社区服务人才队伍建设的资金以地方投入为主。

38. 社区服务信息化建设的目标、内容及资金来源是什么?

国务院办公厅印发的《社区服务体系建设规划（2011—2015 年）》（国办发〔2011〕61 号）规定，社区服务信息化建设的目标是，建立居民、家庭、社会组织、社区活动电子档案，实现社区服务队伍、服务人员、服务对象信息数字化，改进信息技术装备条件，完善社区服务设施网络环境，并逐步规范化、标准化，形成互联互通共享的信息服务系统。

社区服务信息化建设的内容包括：推进社区服务中心、社区服务站接入宽带网络，新建社区同步建设信息网络环境。推动社区网络和信息资源整合，鼓励建立覆盖区（市）或更大范围的社区综合信息管理和服务平台，实现数据一次采集、资源多方共享。优化区（市）、街道、社区等面向社会公众和企事业单位服务的流程，逐步实现行政管理、社会事务、便民服务等社区管理服务一体化，逐步健全新型社区管理和服务模式。推动各地设置统一的社区服务电话号码，逐步建立社区老年人、残疾人呼叫保障系统，推进社区信息亭等公益性信息服务设施建设，引导企业参与社区服务信息系统开发。

社区服务信息化建设的资金以地方投入为主，鼓励社会力量参与社区信息化建设，支持企业与社区开展合作，中央通过基建投资给予适当支持。

39. 什么是社区公共服务综合信息平台？

为深入贯彻党的十八大关于加强基层社会管理和服务体系建设总体部署，积极落实《2006—2020 年国家信息化发展战略》（中办发〔2006〕11 号）、《国家基本公共服务体系“十二五”规划》（国发〔2012〕29 号）和《社区服务体系建设规划（2011—2015 年）》（国办发〔2011〕61 号）文件精神，发挥社区信息化在提升社区自治和服务功能方面的积极作用，切实满足居民公共服务需求，推动基层社会服务管理创新，民政部于 2013 年 11 月下发了《关于推进社区公共服务综合信息平台建设的指导意见》（民发〔2013〕170 号）（以下简称《意见》）。该《意见》指出，社区公共服务综合信息平台是依托信息化手段和标准化建设，整合公共服务信息资源，采取窗口服务、电话服务和网络服务等形式，面向社区居民提供基本公共服务的平台。

同时，该《意见》提出，推进社区公共服务综合信息平台建设的总体目标是：到“十二五”时期末，社区公共服务综合信息平台建设试点工作全面推开；到 2020 年，除部分不具备条件的地区外，全国大部分街道均应用社区公共服务综合信息平台，乡镇应用比例大幅度提高，政府基本公共服务事项主要依托社区公共服务综合信息平台统一办理，逐步实现社区公共服务事项的全人群覆盖、全口径集成和全区域通办，切实改善社区信息技术装备条件，提高社区管理运行效率，增强部门协同服务能力，提升居民群众使用率和满意度。推进社区公共服务综合信息平台建设的重点任务是：建设社区公共服务信息系统，整合社区公共服务信息资源，完善社区公共服务综合信息平台规划布局，加强社区公共服务综合信息平台运行管理。

40. 推进社区公共服务综合信息平台建设的重点任务是什么？

为深入贯彻党的十八大关于加强基层社会管理和服务体系建设总体部署，积极落实《2006—2020 年国家信息化发展战略》（中办发〔2006〕11 号）、《国家基本公共服务体系“十二五”规划》（国发〔2012〕29 号）和《社区服务体系建设规划（2011—2015 年）》（国办发〔2011〕61 号）文件精神，发挥社区信息化在提升社区自治和服务功能方面的积极作用，切实满足居民公共服务需求，推动基层社会服务管理创新，民政部下发了《关于推进社区公共服务综合信息平台建设的指导意见》（民发〔2013〕170 号），提出推进社区公共服务综合信息平台建设的重点任务是：

（1）建设社区公共服务信息系统。各地应结合实际，以街道（乡镇）为基本单元，应用功能集成、界面规范，部署集中的社区公共服务信息系统，确有需要的可依管理幅度和服务半径向所辖社区延伸。社区公共服务信息系统应兼具政务事项办理和基础信息采集功能，实行“前台一口受理、后台分工协同”的运行模式。统一设立电子政务办理界面，通过与人口、法人单位等国家基础信息资源库的信息共享，建立以公民身份号码、组织机构代码等基础信息为索引的社区公共服务信息管理机制，实现居民身份证办事“一证通”。按照不同业务的具体需要优化电子政务流程，建立政府主动公开信息、政务办理痕迹信息和公共管理状态信息的实时共享机制，实现社区公共服务的跨部门业务协同。积极开发网上咨询办理、服务热线呼叫、现场自助查询等系统功能，为居民群众提供网络、电话和窗口服务关联组合的一体化社区公共服务，为政府决策提供科学依据。

（2）整合社区公共服务信息资源。各地应依托社区公共服务信息系统，加快统筹社区公共服务网络和信息资源，原则上凡涉及社区居民的公共服务事项，均要逐步纳入社区公共服务综合信息平台集中办理。加快社区信息系统集约化建设，推动部署在不同层级、不同部门、分散孤立、用途单一的各类社区信息系统向社区公共服务综合信息平台迁移或集成，最大限度精简基层业务应用系统、服务终端和管理台账。在保证数据交换共享安全性的前提下，促进社区公共服务综合信息平台与现有部门业务应用系统实现互联互通。推动政府职能部门向基层转移职能，规范社区公共服务综合信息平台的信息共享范围、共享方式和共享标准，逐步丰富社区公共服务综合信息平台的基本公共服务项目和服务信息，不断扩大社区政务事项的跨区域通办范围。

(3) 完善社区公共服务综合信息平台规划布局。各地要充分发挥市（地、州、盟）层级电子政务公共平台作用，集中建设社区公共服务综合信息平台和综合信息库，为街道（乡镇）及社区开展服务提供便捷渠道和技术支持。支持依托街道（乡镇）社区综合服务设施，建设社区公共服务“一站式”服务机构，统一提供社区基本公共服务的咨询、办理和反馈服务。“一站式”服务机构的设施建设或改造应合理布局、科学分区、完善功能，方便居民群众办事。根据需要可以依托社区级综合服务设施，为社区居民提供委托代办服务，增强社区公共服务的便捷性。

(4) 加强社区公共服务综合信息平台运行管理。各地要建立健全社区公共服务综合信息平台运行管理机制，明确管理主体和责任，原则上实行平台独立运行、业务归口指导的管理模式。制定完善信息采集制度，加强社区信息资源规划，明确社区信息采集标准，将社区场所、人员、事件等信息纳入采集范围，按照一数一源、集中采集、共享校核、及时更新的原则，实现“数据一次采集，资源多方共享”。整合街道、社区层面管理服务力量，加强社区公共服务队伍建设，实行统一考核、调配和管理，实现同工同酬。强化服务队伍教育培训，提高业务素质和服务能力，能够较好地胜任“综合服务”的要求，推动服务队伍的专业化和职业化。建立健全首问负责、限时办结、绩效考核和群众监督机制，积极引入服务对象满意度评价和第三方评估，切实提高管理水平和服务质量。

有条件的地区，可以在社区公共服务综合信息平台基础上，进一步拓展服务领域和功能，优先发展针对老年人、未成年人、残疾人等特殊困难群体的系统应用，创新开发针对艾滋病人、精神病人、吸毒人员等特殊人群的特色服务。广泛吸纳社区社会组织、社区服务企业信息资源，促进社区公共服务、便民利民服务、志愿互助服务的有机融合和系统集成。完善社区服务信息推送机制，主动及时地为社区居民提供各类公共服务信息和生活服务信息。加强多种网络接入手段间的结合和转换，大力发展各类信息服务载体和信息服务终端，为社区居民提供“一网式”、“一线式”的综合服务。

41. 加强社区服务体系建设的政策措施是什么?

为认真贯彻国务院办公厅印发的《社区服务体系建设规划（2011—2015年)》（国办发〔2011〕61号）精神，加强社区服务体系建设，要努力做好以下五方面，为加强社区服务体系建设提供政策支持和组织保障：（1）加强社区服务法规制度建设和标准化建设。推动修订《中华人民共和国城市居民委员会组织法》，完善地方配套法规。建立健全社区服务标准体系，认真执行《城市居住区规划设计规范》（GB 50180—93）国家标准，科学规划配置社区综合服务设施和社区基础商业网点，并严格用途管理。研究制定基层人民政府或其派出机关指导社区工作规则、社区服务标准体系及管理办法、社区公共服务目录及准入制度、社区服务居民满意度测评体系、社区社会组织培育等方面的法规制度，形成较为完善的社区服务法律法规、制度和标准体系。（2）加大社区服务体系建设资金投入。多渠道筹集社区服务体系建设资金。要按有关规定区分不同情况，对社区服务设施建设与维护经费、社区服务人员报酬、社区服务工作经费、社区服务信息化建设经费等，采取财政补助、委托办理服务事项的单位划转、社区经济收入中安排等方式予以解决。中央基建投资要向中西部地区倾斜，向困难社区倾斜。不断拓宽社区服务体系建设资金来源渠道，鼓励企事业单位、社会团体、个人和外资以多种形式捐赠或兴办社区服务事业，建立多元化投入分担机制。（3）完善社区服务扶持政策。将社区服务体系建设纳入地方经济和社会发展规划，纳入城市规划和土地利用总体规划，对社区公共服务设施建设用地，按照法律、法规和规章可以采取划拨方式供地的，地方政府要切实予以保证；闲置的宾馆、培训中心、福利设施、办公用房，优先用于社区服务。进一步完善社区服务税收、公用事业收费、用工保险、工商和社会组织登记等优惠政策，鼓励发展社区服务业。（4）健全领导体制和工作机制。建立社区服务体系建设部际联席会议制度，在国务院领导下，制订各项目标任务分解落实方案，明确各部门分工任务，统筹协调社区服务体系建设中的重大问题，研究落实重大问题和重点工作。各级政府切实履行好发展社区公共服务体系的责任，加强督促检查，开展绩效评估，将社区建设成效纳入各级党委政府部门工作目标考核，考核结果作为领导班子和领导干部综合考核评价的重要内容。（5）积极开展国内外合作与宣传。加强社区服务领域双边、多边合作，立足国情，学习借鉴国外社区服务体系建设先进经验，开展人员、资金、技术、管理等方面的交流，鼓励吸引外资发展社区服务业，提高社区服务能力和水平。加强国内各地区之间的交流与合作，加大对口帮扶支援力度。依托研究培训基地，加强社区服务理论研究。扩大社区服务宣传，大力宣传在社区服务中有突出贡献的驻区单位、社会组织、志愿者组织、先进个人，形成全社会人人关心、支持、参与社区服务的良好氛围。继续开展农村社区服务试点，加强资源整合，推进农村社区综合性公共服务设施建设，将就业、社会保障、卫生、计划生育、文化、体育、社会治安等基本公共服务向农村延伸，重点发展面向农村老年人、病残人员、妇女及未成年人等群体的照料、帮扶等服务，促进城乡基本公共服务均等化，把农业技术推广、动植物疫病防控和农产品质量监管等公共服务能力建设与农村社区建设结合起来。

42. 我国“十二五”时期基本公共服务体系建设的目标是什么？

“十二五”时期是我国全面建设小康社会的关键时期，是深化改革开放、加快转变经济发展方式的攻坚时期。建立健全基本公共服务体系，促进基本公共服务均等化，是深入贯彻落实科学发展观的重大举措，是构建社会主义和谐社会、维护社会公平正义的迫切需要，也是全面建设服务型政府的内在要求。国务院印发的《国家基本公共服务体系“十二五”规划》（国发〔2012〕29 号），对我国“十二五”时期基本公共服务体系建设的目标作了如下部署：

（1）供给有效扩大。政府投入大幅增加，基本公共服务预算支出占财政支出比重逐步提高。基本公共服务国家标准体系和标准动态调整机制逐步健全，各项制度实现全覆盖。创新公共服务供给方式，实现提供主体和提供方式多元化。（2）发展较为均衡。资源布局更趋合理，优质资源共享机制加快建立，县域内基本公共服务均衡发展基本实现，农村和老少边穷地区基本公共服务水平明显提高。（3）服务方便可及。以基层为重点的基本公共服务网络全面建立，设施标准化和服务规范化、专业化、信息化水平明显提高，城乡居民能够就近获得基本公共服务。（4）群众比较满意。城乡居民基本公共服务需求表达机制有效建立，服务成本个人负担比例合理下降，绩效评价和行政问责制度比较健全，社会满意度不断提高。

经过努力，“十二五”时期，覆盖城乡居民的基本公共服务体系逐步完善，推进基本公共服务均等化取得明显进展；到 2020 年实现全面建设小康社会奋斗目标时，基本公共服务体系比较健全，城乡区域间基本公共服务差距明显缩小，争取基本实现基本公共服务均等化。

43. 政府公共服务覆盖到社区主要包括哪些?

政府在供给公共服务时，应充分发挥行政机制、互助机制、志愿机制、市场机制的作用，进一步完善覆盖城乡社区居民的社区服务体系，满足居民群众多样化、多层次、多方面的服务需求。各级政府应该依托社区综合服务设施和专业服务机构，开展面向全体社区居民的劳动就业、社会保险、社会服务、医疗卫生、计划生育、文体教育、社区安全、法制宣传、法律服务、法律援助、人民调解、邮政服务、科普宣传、流动人口服务管理等服务项目，切实保障优抚对象、低收入群体、未成年人、老年人、残疾人等社会群体服务需求，做好刑释解教人员、社区服刑人员管理服务工作，加强和改进对农民工及其子女的公共服务和社会管理。

44. 社区为企业退休人员提供的社会化服务主要包括哪些?

企业退休人员社会化管理服务是指职工办理退休手续后，其管理服务工作与原企业分离，养老金实行社会化发放，人员移交城市街道和社区实行属地管理，由社区服务组织提供相应的管理服务，是建立独立于企业事业单位之外的社会保障体系的重要内容，也是深化国有企业改革、解决企业经办社会问题的重要措施。切实做好这项工作，对于保障广大企业退休人员晚年生活的安定，提高他们的生活质量，维护社会稳定，具有十分重要的意义。为贯彻落实中共中央办公厅、国务院办公厅《关于转发劳动和社会保障部等部门〈关于积极推进企业退休人员社会化管理服务工作的意见〉的通知》（中办发〔2003〕16 号）的精神，应做好以下几方面的社区社会化管理服务工作：（1）配合社会保险经办机构做好确保养老金按时足额发放工作，保障企业退休人员的基本生活；（2）为企业退休人员提供社会保险政策咨询和各项查询服务；（3）跟踪了解企业退休人员生存状况，协助社会保险经办机构进行领取养老金资格认证；（4）帮助死亡企业退休人员的家属申请丧葬补助金和遗属津贴；（5）集中管理企业退休人员的人事档案；（6）组织企业退休人员中的党员经常开展组织活动，加强企业退休人员的思想政治工作；（7）建立企业退休人员健康档案，有计划地开展健康教育、疾病预防控制和保健工作，提供方便的医疗、护理和康复服务；（8）组织企业退休人员开展文化体育健身活动，指导和帮助他们通过各种形式的社会公益活动发挥余热，开展自我管理和互助服务。

45. 加快推进社区社会工作服务的主要任务是什么？

为切实加强社区社会工作专业人才队伍建设，积极发展社区社会工作服务，进一步促进和谐社区建设，民政部、财政部联合下发《关于加快推进社区社会工作服务的意见》（民发〔2013〕178号），提出了加快推进社区社会工作服务的主要任务：

（1）大规模培养和使用社区社会工作专业人才队伍。坚持提升存量与扩充增量、专业培训与知识普及相结合，建立健全社区社会工作专业人才培养制度。以实施社会工作服务人才职业能力建设工程、社会工作管理人才综合素质提升工程和社区服务人才队伍建设工程为抓手，依托社会工作专业人才培训基地以及社区建设和社区服务人才培训基地，重点对城乡社区直接从事社会服务的人员进行大规模、系统化的社会工作专业知识培训，使其逐步提升转化为社会工作专业人才。推动建立高校社会工作专业教育与社区社会工作专业人才培养对接机制，支持社区管理与服务人员参加社会工作硕士专业学位在职教育。完善社会工作者职业水平评价制度，支持社区管理与服务人员参加社会工作者职业水平考试。根据社区管理与服务需要，支持城乡社区通过向社会公开招聘、民主选举、竞争上岗、挂职锻炼等方式，配备和使用社区社会工作专业人才；积极招录全日制高校社会工作专业毕业生到社区就业，逐步扩大社会工作专业人才在社区管理与服务人员中的比例，不断壮大社区社会工作专业人才队伍。对下派到城乡社区锻炼的党政部门、人民团体、相关事业单位、部分执法单位的干部和选聘到村、社区任职的大学毕业生要普及社会工作专业知识。

（2）不断拓宽社区社会工作服务平台。城乡基层特别是城市社区要注重配备和使用社会工作专业人才，积极开发社会工作专业岗位，扩大就业范围，吸纳更多社会工作专业人才到社区服务。按照和谐社区建设总体要求，本着理顺关系、理清职能、整合资源的原则，逐步在街道社区服务中心、社区服务站、社区矫正机构等社区公共服务平台设置社会工作专业岗位，配备社会工作专业人才，鼓励社会工作专业人才通过选举进入城市社区党组织、社区居民自治组织、业主委员会。适应新农村建设需要，积极推动乡镇社会事务办或民政所设置社会工作专业岗位。鼓励有条件的街道和乡镇依托现有资源创建社区社会工作服务组织、设立社区家庭综合服务中心等方式，吸纳和使用社会工作专业人才，面向城乡社区特殊、困难群体提供社会工作服务。落实国家有关税收优惠政策，鼓励通过简化登记程序、降低登记门槛、提供服务场所、政府购买服务等方式，支持社会力量兴办社区社会工作服务组织，引导民办社会工作服务组织面向社区开展专业服务。

（3）分类推进社区社会工作服务。根据城乡社区发展特点和社区居民需求，分类推进社区社会工作服务。在城市社区重点开展针对老年人、未成年人、外来务工人员、残疾人和低收入家庭的社区照顾、社区融入、社区矫正、社区康复、就业辅导、精神减压与心理疏导服务。在农村社区以空心村落、空巢家庭、留守人群为重点，为留守儿童提供生活、学习、心理和安全等服务，为留守老人提供生活照料、代际沟通、精神慰藉、文化娱乐等服务，为留守妇女提供安全教育、技能培训、能力提升、关系调适等服务。开展城乡人才对口支持，创造条件引导和鼓励城市社会工作专业人才到农村社区开展服务。在少数民族聚居和信教群众较多的社区，根据需要配备政治立场坚定、熟悉民族和宗教事务的社会工作专业人才开展少数民族社会工作。积极推动社会工作方法与党的群众工作和思想政治工作有机结合，进一步提升广大城乡基层党员干部、社区工作人员在宣传倡导、组织动员、资源策动、服务提供方面的本领。配合、支持社区居民委员会，定期开展社区居民需求调查，发动社区居民参与制定、实施社区发展规划，参与策划、执行社区服务项目与活动方案，进行社区动员与倡导。根据社区居民需求，综合运用个案工作、小组工作和社区工作方法，为有需要的社区居民及家庭提供个案辅导服务，开展小组活动，推动社区教育，提升居民个人和家庭社会功能；引导和培养居民主动参与社区公共生活和社区事务，加强社区居民能力建设，增强社区发展能力，建立健全社区支持网络；组织社区居民实现自助、互助和社区自治，形成理性平和、宽容接纳、诚信友爱、平等尊重的居民关系，增强社区凝聚力、归属感和人文关怀，促进社区文明、和谐与稳定。

（4）建立健全社区、社会组织和社会工作专业人才联动服务机制。按照“政府扶持、社会承接、专业支撑、项目运作”的思路，探索建立以社区为平台、社会组织为载体、社会工作专业人才为支撑的新型社区服务管理机制。坚持社会事社会办、专业事专业办原则，通过政府购买服务等方式，逐步将街道和乡镇政府面向社区的事务性、服务性工作委托有专业能力的社会组织承接，社会组织聘用社会工作专业人才提供服务。采取公办民营、民办公助等方式，面向社区社会工作服务组织开放社区资源，为社区居民提供社会工作服务。通过建立健全社区、社会组织和社会工作联动服务机制，扩大社区社会工作服务范围，提升社区社会工作服务层次，创新基层社会管理方式，完善基层社会管理体制，增强基层社会管理实效。

（5）建立健全社区社会工作专业人才引领志愿者服务机制。志愿者队伍是社区社会工作专业人才开展服务的重要补充力量。建立社区社会工作专业人才定期、定向联系志愿者制度，对社区志愿者开展社会工作专业知识与技能培训，提升志愿服务水平。依托志愿者注册登记管理信息系统和社区公共服务综合信息平台，实现社区志愿服务需求与供给的无缝对接，做好社区志愿服务记录工作。在社区志愿者组织中配备社会工作专业人才，负责志愿者的招募、组织、管理、培训和监督，引导和带领志愿者协助实施社区服务项目，参与社区建设。对有从事社会工作职业意愿且符合条件的优秀志愿者，在其通过社会工作者职业水平考试并经登记后，优先录用到社区社会工作专业岗位。社区社会工作专业人才要以志愿服务项目为载体，充分调动社会力量广泛参与社区事务，丰富社区服务资源，凝聚社区建设合力，最大限度地实现社区共驻、共建、共享。

第四节　政府购买社会服务

46. 政府向社会力量购买服务的目标任务是什么？

改革开放以来，我国公共服务体系和制度建设不断推进，公共服务提供主体和提供方式逐步多样化，初步形成了政府主导、社会参与、公办民办并举的公共服务供给模式。同时，与人民群众日益增长的公共服务需求相比，不少领域的公共服务存在质量效率不高、规模不足和发展不平衡等突出问题，迫切需要政府进一步强化公共服务职能，创新公共服务供给模式，有效动员社会力量，构建多层次、多方式的公共服务供给体系，提供更加方便、快捷、优质、高效的公共服务。党的十八大强调，要加强和创新社会管理，改进政府提供公共服务方式。新一届国务院对进一步转变政府职能、改善公共服务作出重大部署，明确要求在公共服务领域更多利用社会力量，加大政府购买服务力度。政府向社会力量购买服务，就是通过发挥市场机制作用，把政府直接向社会公众提供的一部分公共服务事项，按照一定的方式和程序，交由具备条件的社会力量承担，并由政府根据服务数量和质量向其支付费用。

国务院办公厅《关于政府向社会力量购买服务的指导意见》（国办发

〔2013〕96号）提出，政府向社会力量购买服务的目标任务如下：“十二五”时期，政府向社会力量购买服务工作在各地逐步推开，统一有效的购买服务平台和机制初步形成，相关制度法规建设取得明显进展。到2020年，在全国基本建立比较完善的政府向社会力量购买服务制度，形成与经济社会发展相适应、高效合理的公共服务资源配置体系和供给体系，公共服务水平和质量显著提高。

47. 政府向社会力量购买服务的主体有哪些？

国务院办公厅《关于政府向社会力量购买服务的指导意见》（国办发〔2013〕96号）指出，政府向社会力量购买服务的主体是各级行政机关和参照公务员法管理、具有行政管理职能的事业单位。纳入行政编制管理且经费由财政负担的群团组织，也可根据实际需要，通过购买服务方式提供公共服务。

48. 承接政府购买服务的主体有哪些？

国务院办公厅《关于政府向社会力量购买服务的指导意见》（国办发〔2013〕96号）明确了承接政府购买服务的主体，包括依法在民政部门登记成立或经国务院批准免予登记的社会组织，以及依法在工商管理或行业主管部门登记成立的企业、机构等社会力量。承接政府购买服务的主体应具有独立承担民事责任的能力，具备提供服务所必需的设施、人员和专业技术的能力，具有健全的内部治理结构、财务会计和资产管理制度，具有良好的社会和商业信誉，具有依法缴纳税收和社会保险的良好记录，并符合登记管理部门依法认定的其他条件。承接主体的具体条件由购买主体会同财政部门根据购买服务项目的性质和质量要求确定。

49. 政府向社会力量购买服务的内容有哪些？

国务院办公厅《关于政府向社会力量购买服务的指导意见》（国办发〔2013〕96号）提出，政府向社会力量购买服务的内容为：适合采取市场化方式提供、社会力量能够承担的公共服务，突出公共性和公益性。教育、就业、社保、医疗卫生、住房保障、文化体育及残疾人服务等基本公共服务领域，要逐步加大政府向社会力量购买服务的力度。非基本公共服务领域，要更多更好地发挥社会力量的作用，凡适合社会力量承担的，都可以通过委托、承包、采购等方式交给社会力量承担。对应当由政府直接提供、不适合社会力量承担的公共服务，以及不属于政府职责范围的服务项目，政府不得向社会力量购买。各地区、各有关部门要按照有利于转变政府职能，有利于降低服务成本，有利于提升服务质量水平和资金效益的原则，在充分听取社会各界意见基础上，研究制定政府向社会力量购买服务的指导性目录，明确政府购买的服务种类、性质和内容，并在总结试点经验基础上，及时进行动态调整。

50. 政府向社会力量购买服务的机制有哪些？

国务院办公厅《关于政府向社会力量购买服务的指导意见》（国办发〔2013〕96号）对政府向社会力量购买服务的机制作出了相关规定：各地要按照公开、公平、公正原则，建立健全政府向社会力量购买服务机制，及时、充分向社会公布购买的服务项目、内容以及对承接主体的要求和绩效评价标准等信息，建立健全项目申报、预算编报、组织采购、项目监管、绩效评价的规范化流程。购买工作应按照《政府采购法》的有关规定，采用公开招标、邀请招标、竞争性谈判、单一来源、询价等方式确定承接主体，严禁转包行为。购买主体要按照合同管理要求，与承接主体签订合同，明确所购买服务的范围、标的、数量、质量要求，以及服务期限、资金支付方式、权利义务和违约责任等，按照合同要求支付资金，并加强对服务提供全过程的跟踪监管和对服务成果的检查验收。承接主体要严格履行合同义务，按时完成服务项目任务，保证服务数量、质量和效果。

第五节　和谐社区建设

51. 和谐社区建设的目标是什么？

和谐社区建设事关党和国家大政方针的贯彻落实，事关人民群众的切身利益，事关城乡基层的和谐稳定。当前，随着工业化、信息化、城镇化、市场化、国际化的深入发展，我国正处在社会结构深刻变动、利益格局深刻调整、思想观念深刻变化的重要时期，社区日益成为各种利益关系的交会点、各种社会矛盾的集聚点、社会建设的着力点和党在基层执政的支撑点。做好和谐社区建设工作，对于保障城乡困难群众的基本生活权益，满足普通居民群众多层次、多样化的物质文化生活需求，夯实党的执政基础，激发广大人民群众参与社会建设的积极性、主动性、创造性，为经济社会发展创造更加良好的社会环境，具有重要的现实意义和深远的历史意义。进一步推进和谐社区建设工作，要坚持以邓小平理论和“三个代表”重要思想为指导，深入贯彻落实科学发展观，全面把握党的十七大以来中央关于社区建设的一系列重要决策和部署，围绕中心、服务大局，把服务居民、造福群众作为出发点和落脚点，把建设管理有序、服务完善、文明祥和的社会生活共同体作为基本目标，把统筹推进城乡社区建设作为重要方针，把创新体制机制作为根本动力，把加强以党组织为核心的社区组织体系和社区工作者队伍建设作为基础保证，把和谐社区示范创建活动作为重要载体，推动和谐社区建设在范围上得到新拓展，在质量上得到新提升，在群众满意度上实现新飞跃，为实现全面建设小康社会奋斗目标和构建社会主义和谐社会奠定更加坚实的基础。民政部《关于进一步推进和谐社区建设工作的意见》（民发〔2009〕165号）提出，和谐社区建设的目标是，力争用五年时间，把全国80%以上的城乡社区建设成为管理有序、服务完善、文明祥和的社会生活共同体；到建党100周年时，把所有城乡社区全面建设成为管理有序、服务完善、文明祥和的社会生活共同体。

52. 和谐社区建设的任务是什么?

民政部下发的《关于进一步推进和谐社区建设工作的意见》（民发〔2009〕165号）提出，当前和今后一个时期和谐社区建设的主要任务是：

（1）进一步健全以基层群众自治为基础的新型社区管理体制机制，不断提高基层治理水平。加快城乡接合部、“城中村”、工矿企业所在地、新建住宅区、流动人口聚居地的社区党组织和自治组织的组建工作，健全以基层党组织为核心的城乡社区组织体系。积极推进街道管理体制创新和农村综合改革，建立健全利益协调机制、诉求表达机制、矛盾调处机制、权益保障机制和自然灾害、事故灾难、公共卫生事件、社会安全事件应急管理体制机制。落实社会治安综合治理责任制，加强对吸毒人员、刑释解教人员以及流浪儿童、服刑人员的未成年子女、农村留守儿童的管理、监督和教育，加强和改进对流动人口的服务管理以及非公有制经济组织和新社会组织的管理，实现城乡社区的“无缝隙”管理。积极推广、运用现代信息技术，有条件的地方可实行社区网格化管理，提升社区管理的现代化水平。深入开展以民主选举、民主决策、民主管理、民主监督为重要内容的实践活动，健全城乡基层党组织领导的充满活力的基层群众自治机制，推进基层群众自治制度化、规范化、程序化。适应城乡社会结构、利益格局的发展变化，拓展基层群众自治范围，扩大城市居民委员会直接选举的覆盖面，完善农村村民委员会直接选举制度。

（2）进一步完善以民生需求为导向的新型社区服务体系，不断提高社区居民生活水平。充分发挥行政机制、互助机制、志愿机制、市场机制的作用，进一步完善覆盖城乡社区居民的社区服务体系，满足居民群众多样化、多层次、多方面的服务需求。依托社区服务中心和社区服务站，积极推进以就业、社会保险、社会救助、社会治安、医疗卫生、计划生育、文化、教育、体育为主要内容的政府公共服务覆盖到社区，促进实现城乡基本公共服务均等化。规范、整合社区公共服务设施的功能作用，提倡“开放式办公、一站式服务”，合理设置服务窗口，优化工作流程，规范服务标准，鼓励开展全程委托代理、全年无休假等便民服务。

（3）进一步繁荣以增强社区凝聚力为宗旨的城乡社区文化，不断提高社区居民文明素质。广泛开展社会主义核心价值体系宣传普及工作，从城乡社区存在的具体问题入手，深入开展社会公德、职业道德、家庭美德、个人品德教育，推进廉政文化教育进社区，推动形成良好的社会风尚与和谐的人际关系、邻里关系。加强社区文化基础设施建设，在社区建设方便居民读书、阅报、上网、娱乐、健身等活动场所。充分挖掘社区文化资源，广泛开展各具特色的群众性文化活动，着力丰富居民群众的精神文化生活。利用春节、清明、端午、中秋等民族传统节日，广泛开展节日民俗活动和文化娱乐活动，弘扬中华民族优秀文化传统。

（4）进一步加强以城乡统筹为重点的社区党建工作，不断提高基层党组织的战斗力。适应市场经济发展和城乡社会结构变化的实际，在所有符合条件的城乡社区、居民区、楼宇、新经济组织和新社会组织、农村专业生产合作社、专业协会、产业链、外出务工经商人员相对集中点等建立不同形式的党组织，加快建立开发区、新建住宅区、“城中村”、村改居地区社区党组织，明确各种新型党组织与社区党组织的关系，建立“横向到边、纵向到底”的组织领导体系。对尚不具备成立党组织条件的地方，通过设立党员联络服务站、选派党建工作指导员等多种形式，积极开展党建工作，消除社区党建的盲点和空白点，使社区党建工作覆盖到社区的各个层面。

（5）进一步推进农村社区建设工作，不断扩大农村社区建设的覆盖面和受益面。按照城乡一体化发展要求，选择不同类型的农村地区开展农村社区建设实验工作。统筹土地利用和城乡规划，合理安排市县域城镇建设、农田保护、产业聚集、社区分布、生态涵养等空间布局。统筹城乡社区干部培训，引导城市人才向农村流动。统筹城乡基础设施建设和公共服务，全面提高财政保障农村公共事业水平，逐步建立城乡统一的公共服务制度。统筹城乡劳动就业，加快建立城乡统一的人力资源市场。统筹城乡社会管理，推动流动人口服务和管理体制创新。

53. 全国和谐社区建设示范单位包括哪些？

截至2014年，民政部已经在全国范围内开展了三次社区建设示范单位创建活动，从2008年开始，主要开展和谐社区建设示范单位创建活动，到2013年为第二次。实践证明，示范创建活动是促进和谐社区建设各项工作落实、提升和谐社区建设整体水平的重要措施。为指导各地开展好和谐社区建设示范创建活动，民政部于2008年下发了《关于切实做好全国和谐社区建设示范单位命名表彰工作的通知》（民发〔2008〕142号），于2013年下发了《关于开展第二次全国和谐社区建设示范单位创建活动的通知》（民函〔2013〕172号）。根据这两个文件，全国和谐社区建设示范单位包括四个层次，即全国和谐社区建设示范市、全国和谐社区建设示范城区、全国和谐社区建设示范街道、全国和谐社区建设示范社区。

54. 全国和谐社区建设示范单位命名表彰的标准有哪些？

2008年，民政部下发了《关于切实做好全国和谐社区建设示范单位命名表彰工作的通知》（民发〔2008〕142号），提出全国和谐社区建设示范单位命名表彰的标准执行《全国和谐社区建设示范城区（市）指导标准（试行）》《全国和谐社区建设示范街道指导标准（试行）》和《全国和谐社区建设示范社区指导标准（试行）》。2013年民政部又下发了《关于开展第二次全国和谐社区建设示范单位创建活动的通知》（民函〔2013〕172号），并印发了《全国和谐社区建设示范单位指标体系》，具体包括《全国和谐社区建设示范城市指标》《全国和谐社区建设示范城区指标》《全国和谐社区建设示范街道指标》和《全国和谐社区建设示范社区指标》。

55. 全国和谐社区建设示范单位命名表彰的程序有哪些？

为切实做好全国和谐社区建设示范单位命名表彰工作，民政部成立了“全国和谐社区建设示范单位评审委员会”，办公室设在民政部基层政权和社区建设司。各省（区、市）的创建工作由社区建设领导协调机构具体负责组织实施，也可成立相应的评审机构，履行考察、评审、推荐等职责。2013 年，民政部下发的《关于开展第二次全国和谐社区建设示范单位创建活动的通知》（民函〔2013〕172 号），对全国和谐社区建设示范单位命名表彰的程序作了规定：

（1）自查申报。各城市、城区、街道和社区分别对照《指标》对和谐社区建设工作进行一次全面自查，以《指标》为依据进行自评打分，分数达到 60 分以上的单位可填写申报表逐级上报。自查申报工作应于 2013 年 8 月底前完成。（2）考察推荐。各省（自治区、直辖市）民政厅（局）应当严格按照《指标》对申报单位进行考察验收，以《指标》为依据对申报单位进行评价打分，分数达到 80 分以上的，可作为全国和谐社区建设示范单位推荐单位，并在当地媒体公示。各省（自治区、直辖市）民政厅（局）应对公示无异议的推荐单位按得分高低进行分类排序，并将推荐单位申报表、省（区、市）考核验收报告、公示情况和排名情况（包括电子文本）上报全国和谐社区建设示范单位评审委员会办公室。各省（自治区、直辖市）考察推荐工作应于 2013 年 12 月底前完成。（3）评审验收。全国和谐社区建设示范单位评审委员会认真审查上报材料，并通过听取汇报、召开座谈会、抽样调查、实地走访等方式进行评审验收。评审验收工作原则上于 2014 年 4 月底前完成。（4）公示确认。全国和谐社区建设示范单位评审委员会根据评审验收情况，确定候选示范单位名单，在媒体和网站上进行公示，对公示无异议的示范单位予以确认。

第六节　社区其他工作

56. 社区管理和服务创新实验的重点内容包括哪些?

党的十八大作出了完善基层民主制度、加强基层社会管理和服务体系建设的战略部署，为深化社区管理体制改革和服务机制创新提供了发展机遇，对提升社区管理和服务创新实验区的创新能力和示范作用提出了更高要求。为贯彻落实党的十八大精神，民政部下发了《关于加强全国社区管理和服务创新实验区工作的意见》（民发〔2013〕13 号），其中对社区管理和服务创新实验的重点内容提出了四点意见：（1）提高社区治理水平。转变基层政府职能，加快服务型政府建设，推进基层管理体制改革，探索通过区直管社区或街道“中心制”等方式，实现人力、财力、物力向社区下沉。完善社区治理结构，形成社区党组织领导，社区居委会主导，社区公共服务机构、社区社会组织、业主组织、驻区单位和社区居民多元参与、共同治理的格局。推动“社区、社团、社工”三社联动，建立以社区为平台、社会组织为载体、专业社会工作人才队伍为支撑的运行机制。推行政府购买服务制度，建立公益创投机制，充分发挥社区社会组织作用，引导其他社会组织和专业社会工作人才进入社区。（2）增强社区自治功能。完善发展社区居民自治的具体制度，稳步提高社区居委会直接选举比例，构建农村进城务工人员融入社区、参与社区管理机制。发展院落（楼宇、门栋）自治、业主自治、社团自治等民主形式，拓宽社区媒体、互联网络、移动设备等参与渠道。加强议事协商，推进基层协商民主实践，健全民情恳谈、社区听证、社区论坛、社区评议等对话机制，建立党代表、人大代表、政协委员联系社区制度。强化权力监督，推进社区党风廉政建设，进一步完善社区党务、居务、财务、服务等信息公开制度，健全社区信息公开目录。（3）提升社区服务能力。认真落实《社区服务体系建设规划（2011—2015年）》（国办发〔2011〕61号），推进社区综合服务设施建设，扩大社区服务设施网络覆盖，提高社区服务设施使用效率。推动基本公共服务项目对社区居民和农村进城务工人员全覆盖，推进社区志愿服务制度化和社区便民利民服务多样化，建立行政机制、志愿机制和市场机制互联互补的社区服务供给方式。推进社区信息化建设，建立以区（县）管理信息系统为中心，街道和社区综合信息平台为辐射，社区自助终端、个人服务终端为节点的信息网络。实施社区信息化建设运营方式改革，强化政府支持，发挥社会组织作用，引进合格市场主体，建立社区信息化建设多元筹资机制。（4）创新社区党建工作。健全和优化社区党组织设置，发挥社区党组织的领导核心作用。建立社区党建工作联席会议制度，加大驻社区单位设施开放、人员交流和资金帮扶力度，整合发挥社区公共资源效能。逐步实行社区党组织领导成员直接选举，健全社区党员代表议事制度，探索党内基层民主的多种实现形式。完善社区“两委”议事协调机制，改进社区党组织的工作方式，有效发挥支持社区自治功能。加快推进学习型、服务型、创新型社区党组织建设，建立在职党员到社区报到机制，开展社区党员志愿服务、结对帮扶等活动。

57. 如何做好社区志愿服务工作？

为推动社区建设不断向深度和广度拓展，民政部、全国总工会等九个部门联合下发《关于进一步做好新形势下社区志愿者服务工作的意见》（民发〔2005〕159号），指出做好社区志愿服务工作可从以下几方面入手：（1）充分认识进一步做好新形势下社区志愿服务工作的重要意义。进一步做好新形势下社区志愿服务工作，有利于整合社区资源，健全社会服务体系，依靠社会力量解决社会问题，满足居民群众日益增长的物质文化和生活需求；有利于增进人与人之间的感情，形成平等友爱、尊老爱幼、融洽和谐的人际环境，化解社会矛盾，维护社会稳定，促进社会和谐；有利于增强各种社会组织尤其是居民群众的社会责任，弘扬“出入相邻、守望相助”、“人人为我、我为人人”的良好社会风尚，提高参与社会建设和管理的能力；有利于密切党同人民群众的联系，巩固党在城市基层的执政基础。（2）进一步明确新形势下社区志愿服务工作的总体要求、基本原则和重点领域。建成参与广泛、形式多样、活动经常、成效明显、机制健全、城乡互补，与政府服务、市场服务相衔接的社区志愿服务体系。（3）充分发挥群众团体在社区志愿服务中的重要作用。工会、共青团、妇联以及残联、红十字会、老龄协会、关工委、社工协会等群团组织，要充分利用各自的优势，在新形势下社区志愿服务工作中发挥应有的作用。工会要动员和组织劳动模范、“五一”劳动奖章获得者、先进生产者、职工自学成才者、工会会员、工会干部等积极参与社区志愿服务。共青团要运用十多年来形成的较为健全的基层青年志愿服务网络，广泛推行注册志愿者制度和“一助一”长期结对服务计划，吸引、动员广大团员青年参与到社区志愿服务中来。（4）充分发挥社区组织在社区志愿服务中的重要作用。社区党组织、居民委员会是社区志愿服务的重要组织者和实施者，应充分利用社区的各种会议、市民学校、黑板报、橱窗、社区出版物、网络等渠道宣传志愿服务精神，普及志愿服务知识；鼓励和动员社区党员、身体健康的离退休人员、有一技之长的居民，积极参加社区志愿服务活动。（5）建立健全开展社区志愿服务的长效机制。完善招募制度，加强自我管理。健全培训制度，提高服务水平。建立激励机制，推动持久发展。（6）切实加强对社区志愿服务工作的指导。各级民政部门和工会、共青团、妇联、关工委、红十字会、残联、老龄协会、社会工作协会等组织，要积极争取党和政府的重视，切实加强领导。要把加强社区志愿服务工作与建设和谐社区结合起来，与发展慈善公益事业结合起来，与健全社会救助体系结合起来，与精神文明建设结合起来，使之相互促进，相得益彰，共同发展。

58. 如何推进残疾人社区康复工作?

社区残疾人康复工作是适应城市管理体制改革，深入做好残疾人工作的需要，也是为残疾人提供服务最直接的工作层面。做好社区残疾人工作，对于提高残疾人生活质量，改善残疾人生活状况，营造平等参与社会的环境，加强精神文明建设，维护安定团结的大好局面，具有十分重要的现实意义。

中国残联、民政部等十四部门联合下发的《关于加强社区残疾人工作的意见》(残联办字〔2000〕142号)，就如何推进残疾人社区康复工作提出了以下三点建议：(1) 依托社会资源，建立完善以街、乡（镇）社区服务中心、社区卫生服务中心（站）、医疗单位、各康复机构为指导的残疾人康复网络体系；康复样板社区、服务示范社区有不少于40平方米的残疾人康复服务指导站；配有一定数量的康复器材，供残疾人使用和示范示教。(2) 对本辖区的残疾人进行摸底调查，建档立卡。开展各项康复训练与服务。做好残疾儿童的早期干预工作，建立早期发现的随报制度。同时，根据残疾人的需求和实际情况，利用社区工作的“双向转诊”和服务热线，及时为残疾人提供“转介”服务，开展预防残疾的宣传教育。(3) 加强技术培训。以卫生局为主，残联、民政等有关部门协作，围绕残疾人康复、社区卫生服务和社区服务对人才的需求，对各残疾人康复服务指导站的各类人员，有组织、有计划地进行康复医学知识与技能的继续教育或全科医师规范化培训。

59. 如何推进社区卫生服务体系建设?

社区卫生服务是社区建设的重要组成部分，是在政府领导、社区参与、上级卫生机构指导下，以基层卫生机构为主体，全科医师为骨干，合理使用社区资源和适宜技术，以人的健康为中心、家庭为单位、社区为范围、需求为导向，以妇女、儿童、老年人、慢性病人、残疾人、贫困居民等为服务重点，以解决社区主要卫生问题、满足基本卫生服务需求为目的，融预防、医疗、保健、康复、健康教育、计划生育技术服务等功能为一体的，有效、经济、方便、综合、连续的基层卫生服务。为深化城市医疗卫生体制改革，优化城市卫生资源结构，发展社区卫生服务，努力满足群众的基本卫生服务需求，国务院下发了《关于发展城市社区卫生服务的指导意见》(国发〔2006〕10号)，就如何推进社区卫生服务体系建设提出以下指导意见：

（1）坚持公益性质，完善社区卫生服务功能。社区卫生服务机构提供的公共卫生服务和基本医疗服务，具有公益性质，不以营利为目的。要以社区、家庭和居民为服务对象，以妇女、儿童、老年人、慢性病人、残疾人、贫困居民等为服务重点，以主动服务、上门服务为主，开展健康教育、预防、保健、康复、计划生育技术服务和一般常见病、多发病的诊疗服务。

（2）坚持政府主导、鼓励社会参与，建立健全社区卫生服务网络。地方政府要制订发展规划，有计划、有步骤地建立健全以社区卫生服务中心和社区卫生服务站为主体，以诊所、医务所（室）、护理院等其他基层医疗机构为补充的社区卫生服务网络。在大中型城市，政府原则上按照3万～10万居民或按照街道办事处所辖范围规划设置1所社区卫生服务中心，还可根据需要设置若干社区卫生服务站。社区卫生服务中心与社区卫生服务站可实行一体化管理。

（3）建立社区卫生服务机构与预防保健机构、医院合理的分工协作关系。调整疾病预防控制、妇幼保健等预防保健机构的职能，适宜社区开展的公共卫生服务交由社区卫生服务机构承担。疾病预防控制、妇幼保健等预防保健机构要对社区卫生服务机构提供业务指导和技术支持。实行社区卫生服务机构与大中型医院多种形式的联合与合作，建立分级医疗和双向转诊制度，探索开展社区首诊制试点，由社区卫生服务机构逐步承担大中型医院的一般门诊、康复和护理等服务。

（4）加强社区卫生服务队伍建设。加强高等医学院校的全科医学、社区护理学科教育，积极为社区培训全科医师、护士，鼓励高等医学院校毕业生到社区卫生服务机构服务。完善全科医师、护士等卫生技术人员的任职资格制度，制订聘用办法，加强岗位培训，开展规范化培训，提高卫生人员素质和专业技术能力。

（5）完善社区卫生服务运行机制。政府举办的社区卫生服务机构属于事业单位，要根据事业单位改革原则，改革人事管理制度，按照服务工作需要和精干、效能的要求，实行定编定岗、公开招聘、合同聘用、岗位管理、绩效考核的办法。对工作绩效优异的人员予以奖励。

（6）加强社区卫生服务的监督管理。规范社区卫生服务机构的设置条件和标准，依法严格社区卫生服务机构、从业人员和技术服务项目的准入条件，明确社区卫生服务范围和内容，健全社区卫生服务技术操作规程和工作制度，完善社区卫生服务考核评价制度，推进社区卫生服务信息管理系统建设。

（7）发挥中医药和民族医药在社区卫生服务中的优势与作用。加强社区中医药和民族医药服务能力建设，合理配备中医药或民族医药专业技术人员，积极开展对社区卫生服务从业人员的中医药基本知识和技能培训，推广和应用适宜的中医药和民族医药技术。在预防、医疗、康复、健康教育等方面，充分利用中医药和民族医药资源，充分发挥中医药和民族医药的特色和优势。

（8）制订实施社区卫生服务发展规划。地方政府要制订社区卫生服务发展中长期规划和年度发展计划，将发展社区卫生服务纳入当地国民经济和社会发展规划及区域卫生规划，落实规划实施的政策措施。在城市新建和改建居民区中，社区卫生服务设施要与居民住宅同步规划、同步建设、同步投入使用。市辖区人民政府原则上不再建办医院，而是着力于发展社区卫生服务。

（9）加大对社区卫生服务的经费投入。各级政府要调整财政支出结构，建立稳定的社区卫生服务筹资和投入机制，加大对社区卫生服务的投入力度。地方政府要为社区卫生服务机构提供必要的房屋和医疗卫生设备等设施，对业务培训给予适当补助，并根据社区人口、服务项目和数量、质量及相关成本核定预防保健等社区公共卫生服务经费补助。政府举办的社区卫生服务机构的离退休人员费用，在事业单位养老保障制度改革前，由地方政府根据有关规定予以安排。地方政府要根据本地实际情况进一步加大安排社区公共卫生服务经费的力度，并随着经济发展逐步增加。中央对中西部地区社区卫生服务机构的基础设施建设、基本设备配置和人员培训等给予必要支持。

（10）发挥社区卫生服务在医疗保障中的作用。按照“低水平、广覆盖”的原则，不断扩大医疗保险的覆盖范围，完善城镇职工基本医疗保险定点管理办法和医疗费用结算办法，将符合条件的社区卫生服务机构纳入城镇职工基本医疗保险定点医疗机构的范围，将符合规定的医疗服务项目纳入基本医疗保险支付范围，引导参保人员充分利用社区卫生服务，探索建立以社区卫生服务为基础的城市医疗救助制度。

（11）落实有关部门职责，促进社区卫生服务发展。各有关部门要切实履行职责，共同推进社区卫生服务发展。

（12）地方政府要充分认识发展社区卫生服务对于维护居民健康、促进社区和谐的重要意义，认真贯彻落实国家有关方针政策，将发展社区卫生服务纳入政府年度工作目标考核。

60. 完善发展社区卫生服务的政策措施有哪些?

为深化城市医疗卫生体制改革，优化城市卫生资源结构，发展社区卫生服务，努力满足群众的基本卫生服务需求，国务院下发的《关于发展城市社区卫生服务的指导意见》（国发〔2006〕10号）对完善发展社区卫生服务的政策措施作了如下规定：（1）制订实施社区卫生服务发展规划。地方政府要制订社区卫生服务发展中长期规划和年度发展计划，将发展社区卫生服务纳入当地国民经济和社会发展规划及区域卫生规划，落实规划实施的政策措施。在城市新建和改建居民区中，社区卫生服务设施要与居民住宅同步规划、同步建设、同步投入使用。市辖区人民政府原则上不再建办医院，而是着力于发展社区卫生服务。（2）加大对社区卫生服务的经费投入。各级政府要调整财政支出结构，建立稳定的社区卫生服务筹资和投入机制，加大对社区卫生服务的投入力度。地方政府要为社区卫生服务机构提供必要的房屋和医疗卫生设备等设施，对业务培训给予适当补助，并根据社区人口、服务项目和数量、质量及相关成本核定预防保健等社区公共卫生服务经费补助。（3）发挥社区卫生服务在医疗保障中的作用。按照“低水平、广覆盖”的原则，不断扩大医疗保险的覆盖范围，完善城镇职工基本医疗保险定点管理办法和医疗费用结算办法，将符合条件的社区卫生服务机构纳入城镇职工基本医疗保险定点医疗机构的范围，将符合规定的医疗服务项目纳入基本医疗保险支付范围，引导参保人员充分利用社区卫生服务。探索建立以社区卫生服务为基础的城市医疗救助制度。（4）落实有关部门职责，促进社区卫生服务发展。各有关部门要切实履行职责，共同推进社区卫生服务发展。

61. 促进农民工融入城市社区的主要任务是什么?

农民工是我国改革开放和工业化、城镇化进程中涌现出的一支新型劳动大军，已经成为产业工人的重要组成部分，为推动经济社会发展、促进城市发展繁荣作出了重大贡献。近年来，党和国家高度重视农民工问题，出台了一系列政策措施，做了大量工作，取得了明显成效。但在城市社区，基本公共服务还没有完全覆盖到农民工群体，农民工的政治、经济、文化权益还没有得到有效保障，社会生活还没有得到必要理解和尊重。为充分发挥社区的功能作用，健全以社区为依托的农民工服务和管理平台，促进农民工融入城市生活，与城市居民和谐相处，民政部结合社区建设实际，下发了《关于促进农民工融入城市社区的意见》

（民发〔2011〕210号），提出了促进农民工融入城市社区的主要任务：

（1）构建以社区为载体的农民工服务管理平台。以农民工需求为导向，整合延伸到社区的人口、就业、社保、民政、教育、卫生、文化以及综治、维稳、信访、法律服务等社会管理职能和服务资源，调整工作力量，完善以社区服务站为主体的社区综合服务管理平台，将农民工服务管理纳入其中。

（2）落实政策，扎实做好农民工社区就业服务工作。紧密结合农民工就业服务需求，依托社区公共就业服务窗口，配合相关部门做好针对农民工的就业政策咨询、就业信息发布、职业教育技能培训、创业技能培训和职业介绍服务等工作，促进农民工创业就业。鼓励社区兴办商业性便民利民服务网点，吸引农民工就近就便在社区灵活就业。

（3）切实保障农民工参与社区自治的权利。进一步完善社区民主选举制度，探索农民工参与社区选举的新途径，在本社区有合法固定住所、居住满一年以上、符合《中华人民共和国城市居民委员会组织法》选民资格条件的农民工，由本人提出申请，经社区选举委员会同意，可以参加本社区居民委员会的选举。

（4）健全覆盖农民工的社区服务和管理体系。按照社区基本公共服务均等化的要求，将涉及农民工切身利益的劳动就业、公共卫生、住房保障、社会保障、计划生育、社区矫正、安置帮教、法律援助、优抚救济、社区教育、社会救助、文化体育、社会治安等社区服务项目逐步向农民工覆盖。

（5）大力发展丰富多彩的社区文化生活。围绕尊重农民工、关心农民工的主题，采取社区居民喜闻乐见的形式，组织开展形式多样的宣传教育和交流培训活动，增进农民工对所在社区的认识，加快他们对城市生活理念和生活方式的适应和融入，在社区内形成农民工与当地居民相互理解、尊重、包容的生活氛围。

62. 推进廉政文化进社区工作的主要任务是什么？

廉政文化进社区是加强廉政文化建设的重要组成部分，是和谐社区建设的重要内容，是深入开展反腐倡廉建设的重要环节，是发展基层民主政治的内在要求。为充分发挥社区在传播、弘扬廉政文化中的积极作用，促进廉政文化建设，民政部下发了《进一步推进廉政文化进社区工作的指导意见》（民发〔2008〕25号），提出了推进廉政文化进社区工作的主要任务：

（1）加强社区宣传教育，扩大党和政府加强廉政文化建设的影响力。要利用社区图书室、党员活动室、公开栏、宣传栏、公开信、宣传标语、居民论坛和社区网站等各类社区服务设施和条件，建立起覆盖社区党员、社区居民、外来人员等群体的社区廉政文化宣传教育阵地，重点宣传党和政府有关廉政建设的方针政策、法律法规，宣传反腐倡廉建设的要求，宣传“为民、务实、清廉”的先进典型。

（2）积极开展社区文化活动，努力营造廉政文化建设的浓厚氛围。要利用“全国文化信息资源共享工程”、“农家书屋”、“万家社区图书室援建和万家社区读书活动”，广泛开展社区反腐倡廉文化宣传活动。要将反腐倡廉文化活动进社区纳入社区文化活动计划之中，结合和谐社区建设工作，开展灵活多样、丰富多彩、寓教于乐的廉政文化活动，使社区居民广泛参与到廉政文化建设中来。

（3）强化社区民主监督，切实提高社区成员中党员领导干部及社区工作者的廉洁自律意识。要结合社区实际，探索对党员干部，特别是领导干部实施工作八小时以外的有效监督方法和途径。社区居委会要组织召开党员干部家属座谈会，提醒家属把好“家门”，树立良好的“家风”，协助做好监督工作。要结合日常培训、学习等，加强社区工作队伍的廉政文化教育，提高他们防腐拒变的能力。

（4）健全社区民主管理制度，探索建立社区廉政文化建设的长效机制。要健全民主选举及聘用制度，把好社区工作队伍的入门关，建设一支廉洁守法、居民信得过、能为居民办事的社区工作者队伍。要结合社区实际，制定行之有效的社区反腐倡廉建设制度，把廉政文化建设的内容纳入居民公约之中。

63. 推进居家养老服务的保障措施有哪些？

居家养老服务是指政府和社会力量依托社区，为居家的老年人提供生活照料、家政服务、康复护理和精神慰藉等方面服务的一种服务形式。它是对传统家庭养老模式的补充与更新，是我国发展社区服务，建立养老服务体系的一项重要内容。随着我国人口老龄化进程加快，家庭养老功能日益弱化，老年人养老服务已经成为重大的社会问题。但目前我国居家养老服务供给不足、比重偏低、质量不高，不能满足老年人日益增长的服务需求。为全面推进居家养老服务工作，提高老年人生命生活质量，2008 年全国老龄办和国家发展改革委等十部门联合下发了《关于全面推进居家养老服务工作的意见》（全国老龄办发〔2008〕4 号），对推进居家养老服务的保障措施提出如下意见：

（1）制订居家养老服务发展规划。各级政府应紧密结合本地实际，科学地研究制订本地城乡社区发展居家养老服务规划，并把它纳入当地经济社会发展总体规划和社区建设总体规划中，统筹安排，推动居家养老服务快速健康发展。

（2）加大政府投入力度，合理配置资源。各级政府应转变职能，随着经济发展和社会进步，逐步加大投入，研究制定“民办公助”的政策措施，鼓励和支持社会力量参与、兴办居家养老服务业。各级政府要统筹考虑居家养老服务设施建设、队伍建设和运营管理等问题，合理配置资源。有条件的地区可针对性地设立专项资金，开设资助项目，探索适应当地特点的居家养老服务模式。

（3）贯彻落实支持居家养老服务的优惠政策。贯彻落实国家现行关于养老服务机构的税收优惠政策，对养老院类的养老服务机构提供的养老服务免征营业税，对各类非营利性养老服务机构免征自用房产、土地房产税、城镇土地使用税等。

（4）整合资源，建立和完善社区居家养老服务网络。要按照当地社区建设规划和老年人实际需要，协同各个部门，整合资源，在城市社区和大部分农村乡镇建设综合性居家养老服务中心、居家养老服务站点等基础性服务设施，大力推动专业化的老年医疗卫生、康复护理、文体娱乐、信息咨询、老年教育等服务项目的开展，构建社区为老服务网络，为老年人提供就近就便的多种服务。吸引生活自理的老人走出家门到社区为老服务设施接受服务和参加活动；对生活不能自理的老人则采取派专人上门包护，满足老年人生活照料、医疗护理、文化娱乐、心理慰藉等多种需求。依托城市社区信息平台，在社区普遍建立为老服务热线、紧急救援系统、数字网络系统等多种求助和服务形式，建设便捷有效的为老服务信息系统。

（5）加强专业化与志愿者相结合的居家养老服务队伍建设。要鼓励各类职业培训机构对居家养老服务人员开展职业技能培训，考试合格发给相应的职业资格证书。

（6）积极培育和发展居家养老服务组织。按照政府职能转变以及与企业、事业、社团分离的原则，对居家养老服务中能够与政府剥离的服务职能都要尽可能交给社会组织和非营利机构以及市场和企业去办。

（7）建立居家养老服务管理体制。各地政府应加强对居家养老服务工作的管理和监督，建立相应工作机制。在区、街道（乡镇）和社区（村）建立居家养老服务中心、站点，受政府委托负责本辖区居家养老服务的实施和管理。

（8）切实加强对居家养老服务工作的领导。各级政府应充分认识新形势下发展居家养老服务的重要性，把它列入政府工作议程，并根据本意见的精神，抓紧制定符合当地实际的政策措施。各有关部门要加强配合，积极支持居家养老服务的发展。各级老龄工作委员会办公室要认真履行综合协调职能，配合相关部门，积极推动居家养老服务工作的开展。

64. 万家社区图书室援建活动的主要任务是什么？

万家社区图书室援建和万家社区读书活动是和谐社区建设的基础工程，也是城乡公共文化体系建设的示范工程。为深入贯彻落实党的十七届六中全会精神，加快公共文化服务体系和社区文化建设步伐，推动社会主义文化大发展大繁荣，民政部下发的《关于“十二五”期间深入开展万家社区图书室援建和万家社区读书活动的通知》（民函〔2012〕88号），提出了万家社区图书室援建活动的主要任务：

（1）继续充实完善援建图书的品种和数量。在“十一五”期间图书援建书目的基础上，根据建设社会主义新农村的需要，“十二五”期间重点规划1000个新的图书品种，内容涉及城乡社区建设、农村社会建设、思想道德和文化建设、农村科技、环境保护、法制建设等方面。

（2）加大城市社区图书室和东部沿海地区农村图书室的续援工作力度。“十二五”期间将根据不同地域、不同经济发展状况、不同文化需求，制定可选择的续援书目，每年完成8000个社区图书室的续援目标（城市3000个、农村5000个）。

（3）稳步推进城乡社区图书室援建。按照建设社会主义新农村的需要，民政部将继续加大对农村图书室援建工作的力度。

（4）建立便捷有效的图书管理制度。在调查研究的基础上，通过总结推广先进地区的图书管理经验，积极探索建立优质高效的服务手段和便捷有效的图书管理制度，制定全国统一的《万家社区图书室图书管理办法》，让援建图书不闲置、少损坏、快流动，使援建图书室最大限度地发挥精神文明宣传平台、和谐文化建设平台的作用。

（5）开展以“文明、和谐、发展”为主题的城乡社区读书活动。依托社区图书室作为交流与文化学习的平台，广泛动员社区群众参加各种形式、丰富多彩的社区读书活动。继续在城市社区开展“幸福在我身边”系列征文活动，引导社区居民关注身边点滴变化，发现身边的故事，促进邻里和谐、社区进步和社会稳定。

65. 如何加强新形势下社区民族工作?

随着我国工业化、城镇化的快速发展，民族分布和交往格局正在发生重大变化，城市和散杂居地区的少数民族人口不断增加，各民族交错居住在同一社区的现象日益普遍，社区民族工作任务日趋繁重。为促进各民族共同团结奋斗、共同繁荣发展，推进和谐社区建设，2011 年年底，国家民委、民政部联合印发了《关于加强新形势下社区民族工作的意见》（民委发〔2011〕204 号），就如何加强新形势下社区民族工作提出以下意见：

（1）坚持社区民族工作的正确方向。社区民族工作要坚持以邓小平理论和“三个代表”重要思想为指导，深入贯彻落实科学发展观，牢牢把握各民族共同团结奋斗、共同繁荣发展的主题，以和谐社区建设为依托，以宣传教育、保障权益、完善服务为工作着力点，整合资源，形成合力，不断加强社区民族工作，进一步巩固和发展平等、团结、互助、和谐的社会主义民族关系，为全面建设小康社会和构建社会主义和谐社会奠定更加坚实的基础。

（2）大力推进民族团结宣传教育。认真落实中共中央办公厅、国务院办公厅《关于深入开展民族团结宣传教育活动的意见》（中办发〔2009〕34 号），深入宣传民族理论、民族政策、民族法律法规和民族基本常识，不断增强各族群众的国家意识、公民意识和民族团结意识。

（3）扎实开展民族团结进步创建活动。结合社区实际，采取有力措施，按照中央宣传部、中央统战部、国家民委《关于进一步开展民族团结进步创建活动的意见》（民委发〔2010〕13 号）的要求，把创建活动纳入社区发展总体规划，进一步创新形式、创新载体、创新手段，大力推进民族团结进步模范社区、模范单位建设。

（4）努力提供满足各族群众需求的便捷服务。建立健全信息平台，密切联系沟通，全面了解和掌握社区少数民族情况，及时反映和解决他们生产生活中存在的困难。加强社区服务体系建设，尊重少数民族风俗习惯，积极创造条件，满足少数民族群众在清真饮食、殡葬服务、欢度民族节日和传承本民族文化等方面的需求。少数民族人口较多、民族工作任务较重的社区，应根据实际通过设立“少数民族服务中心”、“民族之家”、热线电话等方式，为各族群众提供方便畅通的办事渠道。

（5）大力促进社区各民族交流交往、互助合作。充分利用展示橱窗、社区网站、市民学校、文化馆站、文化广场等活动阵地，不断创新和完善社区民族工作载体，为各族群众提供交流、联谊和参与社区建设的渠道。积极开展专项咨询和培训活动，引导和帮助少数民族流动人口尽快适应城市和社区生活。广泛开展丰富多彩、富有民族特色的群众性文体活动，努力活跃社区各族群众的业余文化生活。注意发挥企事业单位、社会团体和社会工作者的作用，利用“互帮”、“共建”等形式，帮助各族群众融入社区。

（6）重视做好少数民族社区工作者的培养和使用工作。少数民族社区工作者来自本民族，熟悉本民族的历史和文化，了解本民族的心理和愿望，是联系各族群众的桥梁和纽带，是做好社区民族工作的重要力量。注意发现和培养少数民族代表人士，逐步形成一支与党和政府同心同德、关心民族工作、热心社区服务的骨干队伍。支持他们积极联系本民族群众，鼓励他们积极建言献策，带动各族群众积极投身和谐社区建设。

（7）妥善处理涉及民族因素的矛盾纠纷。要不断提高社区工作者预防和处理有关矛盾和纠纷的工作水平，及时、准确、全面地掌握有关信息，做到早发现、早部署、早处理，力争把问题解决在社区、解决在当地、解决在萌芽状态。

（8）切实把社区民族工作摆在重要位置。各级民族和民政部门要积极推动有关地区和部门把社区民族工作摆上重要议事日程，自觉加强对马克思主义民族观及党和国家民族法规政策的学习，加强对社区民族工作的研究，努力提高驾驭和处理民族问题的能力。建立健全目标责任制，逐步将社区民族工作状况作为有关地区和部门干部考核的重要内容。少数民族人口较多、民族工作任务较重的乡镇、街道，要将社区民族工作状况作为有关干部选拔任用的重要依据。

（9）创新社区民族工作的体制机制。省（区、市、兵团）民族和民政部门要加强对社区民族工作的指导、协调和督促。市（地、州、盟）、县（市、区、旗）、乡（镇、街道）三级民族和民政部门，要在党委政府统一领导下，逐步推动建立和完善社区民族工作管理体制和工作机制。少数民族人口较多、社区民族工作任务较重的乡镇、街道，要配备民族工作专（兼）职干部。少数民族人口较多的社区要配备民族工作联络员，注意培育一批热心民族工作的少数民族联谊组织和社会工作者队伍。有关部门要为开展社区民族工作提供必要的工作条件，保障必要的工作经费。

（10）加强社区民族工作的监督检查。各级民族和民政部门要采取定期与不定期相结合、上级检查与自查相结合等方式，加强对开展社区民族工作情况的监督检查，重点是检查党和国家民族政策和有关法律法规贯彻落实情况。对查找出的问题要提出切实可行的整改方案，务求取得实效。要及时总结经验，立足各地实际，加强分类指导，力争在今后5年内有计划地建成一批民族团结进步模范社区，促进社区民族团结进步事业蓬勃健康发展。

66. 加强社区侨务工作的主要任务有哪些?

随着我国社区建设的全面推进和国内外人员双向流动的日益频繁，社区侨务工作对象人数持续增加、素质不断提高、对外联系更加广泛，社区侨务工作的意义更加突出、工作空间更加广阔。为适应形势发展需要，深入贯彻党的侨务工作方针，更好地体现党和政府对广大归侨侨眷和海外侨胞的关怀，团结和凝聚侨胞的力量为经济社会发展服务，国务院侨办和民政部联合下发了《关于进一步加强社区侨务工作的意见》（国侨发〔2011〕13号），提出了加强社区侨务工作的主要任务：（1）建立健全社区侨务工作网络。各地在加强社区居民委员会建设中，应根据实际情况将侨务工作纳入社区居民委员会的工作职责，确定分管领导和专（兼）职侨务工作干部（联络员）。（2）制定完善社区侨务工作制度。加强对社区内归侨侨眷和海外侨胞情况的调查了解，建立侨情信息台账，制定完善联谊制度、学习培训制度、走访慰问制度、信访制度和服务制度等。（3）加强社区侨务工作阵地建设。加强社区侨务法律宣传教育工作阵地建设，在归侨侨眷和海外侨胞相对集中的社区广泛设立“侨法宣传角”，宣传侨务法规和方针政策。（4）扎实做好社区为侨服务工作。进一步完善覆盖城乡社区居民的社区服务体系，将归侨侨眷和海外侨胞按照“同等优先”的原则纳入服务范围，积极为他们提供社会保障、法律援助、医疗卫生、文化教育、体育休闲、家政服务和社区安全等便民利民服务，依托社区网站、呼叫热线和各类电子信息终端，加强社区综合服务平台建设，提高服务效率、提升服务水平，满足他们多样化、多层次、多方面的服务需求。（5）积极引导归侨侨眷和海外侨胞参与社区建设和发展。充分发挥归侨侨眷和海外侨胞的人才优势，通过定期走访、联谊座谈等形式，鼓励和引导他们，特别是其中的知识分子、专业人才和代表人士积极建言献策，为社区建设出谋划策。（6）以侨为桥，促进社区对外交流与合作。充分发挥归侨侨眷和海外侨胞与海外联系广泛的优势，支持他们向海外亲友宣传介绍国内改革开放和经济社会发展成就，宣传家乡的新变化和新气象。（7）不断拓展社区侨务工作新领域。根据本地区实际和侨情特点，积极将新华侨华人、华裔新生代、港澳同胞、留学人员及其眷属等纳入社区侨务工作的范畴，不断拓展社区侨务工作的服务对象和领域；积极探索将工作触角延伸到企业社区、高校社区、涉外小区等特色社区，总结积累工作经验，把握工作规律；积极探索在农村新社区开展社区侨务工作新思路，引导侨务资源加大对农村环保、教育、卫生等社会公益事业的投入，促进农村和谐社区建设。

67. 如何做好社区再就业工作？

就业问题直接涉及人民群众的切身利益。社区再就业是扩大就业和促进再就业的重要组成部分。做好社区再就业工作，有利于推动生产要素向服务业的合理流动和集中，加快社区服务业的发展；有利于进一步挖掘社区就业的潜力，扩大就业渠道；有利于开发社区公益性岗位，促进社区建设的深入发展。民政部门作为推动社区建设的职能部门和社区建设的牵头、协调部门，为充分发挥社区建设的作用，进一步做好社区再就业工作，促进下岗失业人员再就业，专门下发了《关于进一步做好社区再就业工作的通知》（民发〔2003〕62号），对社区再就业工作提出了具体要求：

（1）拓宽服务领域，扩大社区再就业渠道。社区服务要坚持网络化、产业化、社会化的发展方向，以最大限度地满足居民群众的需求为内容，依靠社会各方面力量，开展面向老年人、儿童、残疾人、社会贫困户、优抚对象的社会救助和福利服务，面向离退休人员、下岗失业人员和困难群体的社会保障、社会化服务和再就业服务，面向社区单位的社会化服务，面向社区居民的便民利民服务。要不断拓宽社区服务领域，广泛开辟社区就业渠道，大力开发社会福利服务、家政服务、婚丧服务、卫生保健服务、文体健身服务、养老托幼服务、残疾人康复服务、修理服务等各项社区服务业的就业岗位，重点开发面向社区居民生活服务、机关企事业单位后勤保障服务和社区公共管理服务的就业岗位，满足社区居民多层次、多样化的需求。

（2）大力开发社区公益性岗位，帮助就业困难群体实现再就业。要紧密联系企事业单位后勤服务社会化和老城区加强物业管理的实际需求，依托街道和社区，组织下岗失业人员开发社区安全保卫、卫生清洁、公共环境绿化、公共设施维护、停车场管理等社区公益性岗位，引导和帮助更多的大龄就业困难对象实现再就业。当前，要重点做好社区为老公益性服务岗位的开发，按照企业离退休人员实行社会化管理的发展要求，结合社区“星光计划”的实施，管理、利用好现有的老年人服务设施，组织下岗失业人员开发为社区老年人健身、娱乐、生活照料等公益性服务岗位。

（3）大力创办社区服务实体，创新社区服务形式。要鼓励个体、私营、民营等企业及其他社会力量开办社区服务项目和社区服务实体，建立多渠道社区服务设施建设投入机制，加快社区服务产业化步伐，提高社区服务吸纳劳动就业的能力。要坚持“谁投资、谁所有、谁受益”的原则，通过投资入股、合作经营等形式，引进一批社区服务企业，培养一批社区服务明星，形成一批名牌企业。要鼓励和支持下岗失业人员创办各种便民利民的社区服务实体，实现下岗失业人员的自谋职业和再创业。

（4）加快“便民”工程的研究和推广，推进社区服务信息化建设。要充分利用热线电话、呼叫求助系统和互联网等现代信息技术，加快社区智能服务网络平台的建设，逐步形成社区内社会福利服务、社会互助服务和市场有偿服务相结合的多类型、多层次、广覆盖的社区服务网络，不断提高社区服务质量和管理水平。要通过社区服务网络建设，建立一支由专职、兼职和志愿者组成的素质较高的社区服务队伍，为社区居民提供更加优质、快捷和周到的服务，并为下岗失业人员提供更多的再就业岗位。

（5）全面落实优惠政策，促进社区服务和社区再就业工作。各地要以做好社区再就业工作为契机，加大工作力度，促进社区服务和社区再就业各项优惠政策的全面落实。要积极贯彻国务院关于加快发展服务业的各项政策措施，进一步挖掘社区服务业吸纳就业的潜力。要继续贯彻落实国家对发展社区服务的各项扶持政策，统筹规划，规范行业管理，加快社区服务业的发展。

68. 如何加强社区警务建设？

社区警务是依托社区而建立起来的立足社区、依靠社区、服务社区的新型警务体制，与社区建设相辅相成。同时，社区警务建设也是对我国公安机关传统警务机制的改革和创新，是实现由被动型警务向主动型警务转变，增强公安工作可持续发展后劲的内在要求。为积极适应城市化进程，进一步加强公安基层基础工作，建立与社区建设相适应的基层警务工作新机制，促使社区民警工作重心下沉、职能延伸、阵地前移，做到防范、管理、服务、打击等措施并举，实现“发案少、秩序好、社会稳定、群众满意”的总体目标，公安部和民政部下发了

《关于加强社区警务建设的意见》（公通字〔2002〕42 号），就进一步加强社区警务建设提出以下意见：

（1）提高认识，抓紧工作，充分发挥社区警务在社区建设中的重要作用。推进城市社区建设，是新形势下坚持群众路线、做好群众工作和加强基层政权建设的重要举措，对于促进经济和社会协调发展，维护社会稳定具有十分重要的意义。开展社区警务建设，是公安机关主动适应社会经济发展和城市化进程，加强公安基层基础工作，全面提高公安机关控制社会治安能力的重大战略，是城市社区建设的重要内容，也是社区建设和发展的重要保障。

（2）统筹规划，合理布局，实现社区警务建设规范运作。要结合实际，对社区民警承担的收集掌握情况信息、实有人口管理、治安管理、安全防范和服务群众等职责任务进行细化分解，制定明确的工作要求和考核标准，建立健全工作制度，形成科学、规范、有序、高效的社区警务工作机制。

（3）加强领导，密切配合，确保社区警务建设取得实效。社区警务是依托社区而建立起来的立足社区、依靠社区、服务社区的新型警务体制，与社区建设相辅相成。同时，社区警务建设也是对我国公安机关传统警务机制的改革和创新，是实现由被动型警务向主动型警务转变，增强公安工作可持续发展后劲的内在要求。

69. 社区消防监督检查主要检查哪些方面的内容？

为进一步规范消防监督检查工作，完善消防监督检查的内容和程序，公安部于2012 年 7 月修改了《消防监督检查规定》。该《规定》第三十二条规定，公安派出所对居民委员会、村民委员会进行日常消防监督检查，应当检查下列内容：（1）消防安全管理人是否确定；（2）消防安全工作制度、村（居）民防火安全公约是否制定；（3）是否开展消防宣传教育、防火安全检查；（4）是否对社区、村庄消防水源（消火栓）、消防车通道、消防器材进行维护管理；（5）是否建立志愿消防队等多种形式的消防组织。

第四章　社区建设的基本保障

第一节　社区组织体系建设

70. 如何健全城市社区居民委员会组织体系?

城市社区居民委员会是按居民居住地区设立的基层群众性自治组织，是党和政府联系居民群众的桥梁与纽带，是城市基层社区管理和公共服务的基本载体，是中国特色社会主义民主制度的重要表现形式之一。只有实现社区居民委员会组织全覆盖，把全体居民群众组织起来，对社区居民有效实施全员管理服务和"无缝隙"管理服务，才能适应市场经济体制下健全城市基层社会管理和公共服务的客观需要。针对当前城市社区居民委员会组织建设中的突出问题，为加快解决社区居民委员会组织全覆盖、健全社区居民委员会下属的委员会、规范社区居民委员会专业服务机构等问题，中共中央办公厅、国务院办公厅于2010年8月下发了《关于加强和改进城市社区居民委员会建设工作的意见》（中办发〔2010〕27号），把健全城市社区居民委员会组织体系，当成当前和今后一个时期加强和改进城市社区居民委员会建设工作的重点任务之一来抓。该《意见》提出，健全城市社区居民委员会组织体系需要从以下几个方面努力：

（1）加快社区居民委员会组织全覆盖。社区居民委员会的设置要充分考虑公共服务资源配置和人口规模、管理幅度等因素，按照便于管理、便于服务、便于居民自治的原则确定管辖范围，一个社区原则上设置一个社区居民委员会。加快城乡结合部、"城中村"、工矿企业所在地、新建住宅区、流动人口聚居地的社区居民委员会组建工作。新建住宅区居民入住率达到50%的，应及时成立社区居民委员会，在此之前应成立居民小组或由相邻的社区居民委员会代管，实现对社区居民的全员管理和无缝隙管理。社区居民委员会的筹建工作在社区党组织领导下开展。

（2）健全社区居民委员会下属的委员会。调整充实社区居民委员会下属的委员会设置，建立有效承接社区管理和服务的人民调解、治安保卫、公共卫生、计划生育、群众文化等各类下属的委员会，切实增强社区居民委员会组织居民开展自治活动和协助城市基层人民政府或者其派出机关加强社会管理、提供公共服务的能力。选齐配强居民小组长、楼院门栋长，积极开展楼院门栋居民自治，推动形成社区居民委员会及其下属的委员会、居民小组、楼院门栋上下贯通、左右联动的社区居民委员会组织体系新格局。

（3）规范社区居民委员会专业服务机构。为更好地完成社区管理和服务任务，辖区人口较多、社区管理和服务任务较重的社区居民委员会，根据工作需要可建立社区服务站（或称社区工作站、社会工作站）等专业服务机构。按照专干不单干、分工不分家的原则，社区专业服务机构在社区党组织和社区居民委员会统一领导和管理下开展工作，以形成工作合力。社区居民委员会有足够能力承担应尽职责的社区，可以不另设专业服务机构。

71. 社区居民委员会和社区党组织是什么关系？

社区党组织是党在社区全部工作和战斗力的基础，是社区各类组织和各项工作的领导核心。为规范城市社区居民委员会与党组织关系，中共中央办公厅、国务院办公厅下发的《关于加强和改进城市社区居民委员会建设工作的意见》（中办发〔2010〕27号）指出，社区居民委员会要自觉接受社区党组织的领导，社区党组织要不断加强自身建设、改进工作方式，切实领导和指导好社区居民委员会工作。要以“三有一化”（即有人有钱有场所、构建城市区域化党建格局）为重点，积极推进社区党组织建设，为社会主义和谐社区建设提供坚强组织保证。社区党组织要支持和保障社区居民委员会充分行使职权，及时帮助解决社区居民委员会工作中存在的困难和问题。提倡社区党组织班子成员与社区居民委员会成员交叉任职，健全社区党组织领导社区居民委员会开展工作的相关制度，确保社区党建与和谐社区建设紧密结合，确保党的路线方针政策和各项工作得到贯彻落实。切实加强社区党员教育、管理和服务工作，坚持和完善党员设岗定责、依岗承诺、志愿服务和帮扶结对等制度，进一步落实在职党员到社区报到的要求，拓宽党员服务群众渠道，充分发挥党员在和谐社区建设中的先锋模范作用。

72. 如何支持社会组织和社区志愿者参与社区管理和服务?

中共中央办公厅、国务院办公厅下发的《关于加强和改进城市社区居民委员会建设工作的意见》(中办发〔2010〕27 号)提出，社区党组织和居民委员会要尽力支持社会组织和社区志愿者参与社区管理和服务。社区居民委员会要积极培育社区服务性、公益性、互助性社会组织，对不具备登记条件的社区服务性、公益性、互助性社会组织，要主动帮助办理备案手续，并在组织运作、活动场地等方面为其提供帮助。社区党组织要加强对社区各类社会组织的政治领导，注意培养社区社会组织负责人队伍。要通过政府购买服务、设立项目资金等途径，积极引导各种社会组织和各类志愿者参与社区管理和服务，鼓励和支持社区居民开展互助服务，使之成为推进社区居民委员会工作的重要力量。大力推行社区志愿者注册制度，健全社区志愿服务网络，力争用 3 ~5 年的时间，实现社区志愿者注册率占居民人口 10% 以上的目标。

73. 加强和改进城市社区居民委员会建设工作的基本原则是什么?

为深入贯彻落实党的十七大和十七届三中、四中全会精神，适应新形势新任务需要，进一步完善基层群众自治制度，健全城市基层管理和服务体制，中共中央办公厅、国务院办公厅下发的《关于加强和改进城市社区居民委员会建设工作的意见》(中办发〔2010〕27 号)提出，城市社区居民委员会建设工作应坚持以下基本原则:

(1) 坚持党的领导，把握正确方向。从社会主义初级阶段基本国情出发，坚持同完善社会主义市场经济体制相适应，坚持党的领导、人民当家做主、依法治国有机统一，推进社区居民依法直接行使民主权利，管理社区公共事务和公益事业，建立健全社区党组织领导的充满活力的基层群众自治机制，实现政府行政管理与基层群众自治的有效衔接和良性互动。

(2) 坚持以人为本，服务居民群众。始终把实现好、维护好、发展好社区居民的根本利益作为工作的出发点和落脚点，把居民的服务需求作为第一信号，把居民满意程度作为检验工作成效的第一标准，真正把加强和改进社区居民委员会建设工作变成服务居民、造福居民的民心工程。

(3) 坚持政府主导，社会共同参与。切实转变政府职能，理顺关系，充分发挥各级党委和政府在政策制定、工作部署、设施建设、财力投入等方面的主导作用，尊重社区居民群众的主体地位，积极动员社会力量共驻共建、资源共享，形成社区居民委员会建设的合力。

（4）坚持因地制宜，注重工作实效。紧密联系各地实际，区分不同情况，加强分类指导，创新工作载体，切实解决长期以来困扰和阻碍社区居民委员会建设的突出问题，力戒形式主义，使社区居民委员会建设工作始终体现时代性、把握规律性、富于创造性。

74. 如何发挥业主大会和业主委员会在社区管理和服务中的作用?

业主大会是指在物业所在地的区、县人民政府房地产行政主管部门的指导下，由物业管理区域内所有业主组成，对关系到整体业主利益的事情进行决议，并通过选举建立业主委员会。业主委员会，是指由物业管理区域内业主代表组成，代表业主的利益，向社会各方反映业主意愿和要求，并监督物业管理公司管理运作的民间性组织，由业主或者业主大会会议选举产生，一般由5~11人单数组成。业主委员会的权力基础是其对物业的所有权，它代表该物业的全体业主，对该物业有关的一切重大事项拥有决定权。中共中央办公厅、国务院办公厅下发的《关于加强和改进城市社区居民委员会建设工作的意见》（中办发〔2010〕27号）明确提出，业主大会和业主委员会在社区管理和服务中的作用是：社区居民委员会要积极支持物业服务企业开展多种形式的社区服务，业主委员会和物业服务企业要主动接受社区居民委员会的指导和监督。建立健全社区党组织、社区居民委员会、业主委员会和物业服务企业协调机制，及时协调解决物业服务纠纷，维护各方合法权益。召开业主大会、业主委员会会议应当告知所在社区居民委员会，并听取其意见。

75. 城市基层人民政府与社区居民委员会是什么关系?

中共中央办公厅、国务院办公厅下发的《关于加强和改进城市社区居民委员会建设工作的意见》（中办发〔2010〕27号）对城市基层人民政府或者其派出机关与社区居民委员会的关系作了界定。该《意见》指出，城市基层人民政府或者其派出机关对社区居民委员会的工作给予指导、支持和帮助。城市基层人民政府或者其派出机关要大力推进服务型政府建设，切实转变职能，改进管理方式和工作作风，履行好社会管理和公共服务的职责。要在街道社区服务中心设立“一站式”服务大厅，为社区及居民群众提供方便快捷优质的服务。普遍推行社区公共服务事项准入制度，凡属于基层人民政府及其职能部门、街道办事处职责范围内的事项，不得转嫁给社区居民委员会；凡依法应由社区居民委员会协助的事项，应当为社区居民委员会提供必要的经费和工作条件；凡委托给社区居民委员会办理的有关服务事项，应当实行权随责走、费随事转。逐步清理和整合在社区设立的各种工作机构，规范政府部门面向社区居民委员会开展的检查评比达标活动，大力压缩针对社区居民委员会的各类会议、台账和材料报表。加快街道办事处法制建设步伐，省级人民政府要积极研究制定城市基层人民政府或者其派出机关指导社区居民委员会工作规则。

社区居民委员会依法协助城市基层人民政府或者其派出机关开展工作。社区居民委员会是党和政府联系社区居民群众的桥梁和纽带，要协助城市基层人民政府或者其派出机关做好与居民利益有关的社会治安、社区矫正、公共卫生、计划生育、优抚救济、社区教育、劳动就业、社会保障、社会救助、住房保障、文化体育、消费维权以及老年人、残疾人、未成年人、流动人口权益保障等工作，推动政府社会管理和公共服务覆盖全社区。

76. 如何加强对城市社区居民委员会建设工作的组织领导？

城市社区居民委员会建设工作涉及方方面面，是一项综合性的系统工程。为加强对城市居民委员会建设工作的组织领导，中共中央办公厅、国务院办公厅下发的《关于加强和改进城市社区居民委员会建设工作的意见》（中办发〔2010〕27 号）提出了四项政策措施：

（1）落实领导责任制。要把加强和改进社区居民委员会建设工作纳入党委重要议事日程，纳入政府履行社会管理和公共服务职能的重要内容。各省、自治区、直辖市党委和政府要定期研究社区居民委员会建设工作。区（县、市）委书记要认真履行第一责任人的职责，街道办事处党工委书记要履行好直接责任人的职责，市、区（县、市）领导干部和街道（镇）领导干部要建立社区居民委员会建设联系点，要将社区居民委员会建设工作成效作为市、区（县、市）党委和政府工作目标管理和年度目标考核的重要内容。

（2）加强部门协调配合。在当地党委、政府统一领导下，党委组织部门在加强社区居民委员会建设中要发挥抓总引领作用，民政部门要充分发挥牵头指导作用，搞好协调服务。依托社区居民委员会开展公共服务的教育、科技、公安、司法、社会治安综合治理、人力资源和社会保障、城乡建设、文化、卫生、人口和计划生育、环保、体育等部门要强化责任意识，把支持和帮助社区居民委员会建设作为为民办实事的重要内容予以落实。各级发展改革、财政、金融、税务、工商等部门要按照各自职能和权限，采取有效政策措施，积极支持社区居民委员会建设。工会、共青团、妇联及残联、老龄协会、计划生育协会、慈善协会等群众组织要发挥各自优势，积极参与社区居民委员会建设。

（3）切实加大经费保障力度。要将社区居民委员会的工作经费、人员报酬以及服务设施和社区信息化建设等项经费纳入财政预算。社区居民委员会兴办公益事业所需费用，经居民会议或居民代表会议讨论，按照自愿原则，可以向社区居民或受益单位筹集。街道办事处要将社区居民委员会工作经费纳入街道办事处银行账户管理，实行专款专用，分账核算，不得挪用、挤占、截留，并定期向社区居民委员会及居民公开使用情况，接受居民监督。加大对财政困难地区一般性转移支付力度，增强其做好社区居民委员会建设工作的保障能力。社区居民委员会成员、社区专职工作人员报酬问题由县级以上地方人民政府统筹解决，其标准原则上不低于上年度当地社会平均工资水平。社区居民委员会成员和社区专职工作人员按国家有关规定参加基本养老、失业、基本医疗、生育、工伤保险，有条件的地方要逐步落实住房公积金政策。

（4）提高指导社区居民委员会建设的工作水平。要以改革创新精神研究新情况、解决新问题，不断改进社区居民委员会建设的工作方法，创新工作机制。针对不同地区社区居民委员会建设的实际加强分类指导，不断总结和探索社区居民委员会建设工作的经验和规律。要把加强社区居民委员会建设工作与党的建设紧密结合，与社区建设紧密结合，加大宣传力度，大力表彰先进典型，总结推广先进经验，为推进城市社区居民委员会建设、构建社会主义和谐社会创造良好氛围。

第二节 社区工作人才队伍建设

77. 社区居民委员会成员的来源渠道有哪些？

随着城市社区建设工作的深入推进，社区居民委员会的工作任务不断增加，对社区居民委员会成员的要求也越来越高。为扩大社区居民委员会成员的来源渠道，提高他们的素质，优化他们的结构，中共中央办公厅、国务院办公厅下发的

《关于加强和改进城市社区居民委员会建设工作的意见》（中办发〔2010〕27号）提出，要扩大社区居民委员会工作人员来源渠道，社区居民委员会一般配置5~9人，辖区人口较多、社区管理和服务任务较重的社区居民委员会可适当增加若干社区专职工作人员；社区专职工作人员面向社会公开招聘，优先安排符合岗位要求的就业困难人员，其配备比例、招聘办法及专业服务机构的设置标准由市（地）级人民政府或各省、自治区、直辖市人民政府确定；提倡社区党组织班子成员、社区居民委员会成员与业主委员会成员交叉任职，社区居民委员会下属的委员会和居民小组的负责人可以由社区居民推选产生，也可以由社区居民委员会成员或社区专职工作人员经过民主程序兼任；鼓励社区民警、群团组织负责人通过民主选举程序担任社区居民委员会成员，研究建立新录用公务员到社区锻炼制度，鼓励党政机关和企事业单位优秀年轻干部到社区居民委员会帮助工作或建立经常性联系制度，鼓励高校毕业生、复转军人等社会优秀人才到社区担任专职工作人员，鼓励党政机关、企事业单位在职或退休党员干部、社会知名人士以及社区专职工作人员参与社区居民委员会选举，经过民主选举担任社区居民委员会成员。

78. 如何加强对社区居民委员会工作人员的教育培训？

中共中央办公厅、国务院办公厅下发的《关于加强和改进城市社区居民委员会建设工作的意见》（中办发〔2010〕27号）明确规定，要加强对社区居民委员会工作人员的教育培训，根据经济社会发展和社区工作的需要，制订培训规划，丰富培训内容，改进培训方式，提高培训效果。城市基层人民政府或者其派出机关每年至少对社区居民委员会主任培训一次，其他成员每2年至少接受培训一次。要组织社区居民委员会成员和社区专职工作人员深入学习中国特色社会主义理论体系，学习党的路线方针政策和国家法律法规，学习社会工作知识，增强他们坚持党的领导的信念，牢固树立爱岗敬业、乐于奉献、一心为民的精神，努力掌握在新的历史条件下做好群众工作的方法和本领，不断提高服务群众和依法办事的能力和水平。鼓励社区居民委员会成员和社区专职工作人员立足岗位，自学成才，支持他们参加社会工作等各种职业资格考试和学历教育考试，不断提高自身综合素质。

79. 如何关心城市社区居民委员会成员的成长进步？

中共中央办公厅、国务院办公厅下发的《关于加强和改进城市社区居民委员

会建设工作的意见》（中办发〔2010〕27 号）提出，要关心社区居民委员会工作人员的成长进步，积极把优秀社区居民委员会工作人员培养发展成为党员，积极推荐符合条件的优秀社区居民委员会工作人员担任各级党代会代表、人大代表、政协委员和劳动模范，加大从优秀社区居民委员会成员、社区专职工作人员中考录公务员和选任街道（乡镇）机关、事业单位领导干部的力度。对工作成绩突出、居民群众满意的社区居民委员会工作人员应及时给予宣传、表彰和奖励。

80. 我国社会工作专业人才队伍的发展目标是什么？

为加快推进社会工作专业人才队伍建设，切实增强构建社会主义和谐社会的人才支撑能力，中央组织部、教育部、民政部等十九个部门联合发布的《社会工作专业人才队伍建设中长期规划（2011—2020 年）》（以下简称《社工规划》）明确提出，到 2020 年，我国社会工作专业人才队伍建设的总体目标是：建立健全社会工作专业人才法规、政策和制度体系，造就一支结构合理、素质优良的社会工作专业人才队伍，使之适应构建社会主义和谐社会的要求，满足人民群众日益增长的社会服务需求。具体包括以下五个方面：（1）社会工作专业人才队伍规模不断壮大。到 2015 年，社会工作专业人才总量增加到 50 万人，其中，具有社会工作师职业水平证书或达到同等能力素质的中级社会工作专业人才达到 5 万人，具有高级社会工作师职业水平证书或达到同等能力素质的高级社会工作专业人才达到 1 万人。到 2020 年，社会工作专业人才总量增加到 145 万人，其中，中级社会工作专业人才达到 20 万人、高级社会工作专业人才达到 3 万人。（2）社会工作专业人才队伍结构不断优化。根据统筹城乡发展、统筹区域发展、统筹经济社会发展的要求，逐步优化社会工作专业人才区域结构、城乡结构、领域结构、专业结构、能力结构和年龄结构，形成合理的初、中、高级人才梯次结构和人才布局，逐步实现社会工作服务在城乡、区域和领域的全覆盖。（3）社会工作专业人才能力素质不断提升。未系统受过社会工作专业教育的社会服务人员普遍接受一定时数的社会工作专业培训。社会工作专业人才思想政治和职业道德水平不断提高，专业价值伦理不断强化，专业理论与知识不断丰富，专业方法与技术不断完善，专业实务能力不断增强，综合素质大幅度提升。（4）社会工作专业人才效能不断增强。社会工作专业人才在提供社会服务、解决社会问题、化解社会矛盾、降低社会风险、维护社会稳定、增进公平正义、促进社会和谐等方面的专业作用得到充分发挥。（5）社会工作专业人才发展环境不断改善。社会工作专业人才培养开发、评价发现、选拔使用、流动配置、激励保障方面的法规、政策与制度不断完善；社会工作服务与管理网络基本建立；社会工作服务组织数量更加充足，布局更加合理，覆盖更加全面，治理更加科学，作用更加明显，社会工作专业人才市场进一步发展；社会工作专业人才队伍建设体制机制更加健全。

81. 加快推进我国社会工作专业人才队伍建设的主要任务有哪些？

中央组织部、教育部、民政部等十九个部门联合发布的《社会工作专业人才队伍建设中长期规划（2011—2020年）》明确提出，加快推进我国社会工作人才队伍建设的主要任务有三个方面：

（1）大规模开发社会工作服务人才。适应公共服务和社会管理转型需要，满足人民群众日益增长的个性化、专业化社会服务需求，以培养开发社区建设、社会救助、老年人服务、残疾人服务、青少年服务、妇女儿童服务、职工服务、流动人口服务、婚姻家庭服务、教育辅导、卫生服务、矫治帮扶、群众文化等领域的基层社会工作服务人才为重点，以整合、提升、转化现有社会工作从业人员为基础，统筹推进各类社会工作服务人才队伍建设，培养造就一支数量足、结构优、能力强、素质高的社会工作服务人才队伍。

（2）大力培养社会工作管理人才。适应社会工作行政管理、行业组织建设、服务机构发展和专业实务推进的需要，培养造就一批政治立场坚定，具有宏观视野、战略思维与专业眼光，善于推动事业发展的社会工作行政和行业管理人才；培养造就一批具有社会使命感、懂运营、会管理、通晓社会服务专业知识的社会工作机构管理人才；培养造就一批熟练掌握专业督导方法与技术、具备丰富实务经验、善于解决复杂专业问题、能够带动社会工作服务人才成长、推动专业实务发展的社会工作督导人才。

（3）加快培养社会工作教育与研究人才。适应社会工作专业教育、理论、政策与实务发展需要，重点培养造就一批理论功底深、实务能力强，系统掌握国内外社会工作法规政策，能够推动本土社会工作理论和政策实务发展、具备开展国际交流合作能力的社会工作教育与研究人才。

82. 如何加强社会工作专业教育培训？

2011年11月，中央组织部、中央政法委、民政部等十八个部门联合发布的

《关于加强社会工作专业人才队伍建设的意见》明确要求，要大力加强社会工作专业教育培训。

（1）统筹规划社会工作专业教育培训。根据社会工作专业人才队伍现状和经济社会发展趋势，研究制订社会工作专业人才教育培训规划，建立教育培训长效机制。合理配置教育培训资源，明确不同地区、不同领域、不同层次社会工作专业人才教育培训重点任务和保障措施，加快建立不同层次教育协调配套、专业培训和知识普及有机结合的社会工作专业人才培养体系。

（2）切实加强社会工作专业人才职业道德建设。以社会主义核心价值体系为基础，按照马克思主义指导思想、中国特色社会主义共同理想、以爱国主义为核心的民族精神、以改革创新为核心的时代精神和社会主义荣辱观的基本要求，研究制定社会工作专业人才职业道德守则和专业行为规范，构建具有中国特色的社会工作专业人才职业道德体系。积极开展社会工作专业人才队伍职业道德教育，强化社会工作专业人才的社会责任感和职业认同感。加强社会工作专业人才队伍作风建设，促使他们践行以人为本、为民解困、为民服务的工作理念，培养扎根基层、注重实践、务实进取、甘于奉献、诚信友爱的良好作风。

（3）大力开展社会工作专业培训。建立健全社会工作专业培训制度。组织实施社会工作服务人才职业能力建设工程，重点对城乡基层居（村）民自治组织、社区服务组织、公益服务类事业单位、公益慈善类社会组织、基层社会服务部门直接从事社会服务的人员进行大规模、系统化的社会工作专业知识培训，切实提高其职业素质和专业水平。实施高层次社会工作专业人才培养工程，培养一批高层次社会工作专业人才，发挥他们在社会工作专业教育、研究与督导等方面的重要作用。实施社会工作管理人才综合素质提升工程，重点加大社会福利、社会救助、社区服务、残障康复、婚姻家庭、职工帮扶等社会服务机构管理人才培养力度，提高社会工作服务管理的科学化水平。对涉及社会管理和公共服务工作的党政部门、人民团体、相关事业单位、部分执法单位的干部特别是领导干部有计划、有步骤地进行社会工作基础理论、专业知识和方法技能培训，提高其开展社会服务、管理社会事务、协调利益关系、做好群众工作、构建和谐社会的能力。对下派到基层锻炼的党政部门、人民团体、相关事业单位、部分执法单位的干部和选聘到村、社区任职的大学毕业生要普及社会工作专业知识。依托有条件的高校、干部学院、科研院所、培训机构、社会服务机构开展培训工作。分领域研究、开发社会工作培训课程和教材。加大社会工作培训师资队伍建设，打造一支专兼职结合、理论与实务水平较高的培训师资队伍。制定社会工作培训质量评估政策和指标体系，加强对培训机构的评估和监督。

（4）大力发展社会工作专业教育。加强社会工作学科专业体系建设，制定科学的专业设置标准，完善社会工作专业教学规范。支持社会工作专业学士、硕士、博士学位授权点基础建设，积极推广社会工作硕士专业学位教育，促进社会工作硕士专业学位教育与社会工作专业人才职业水平考试相衔接。推动社会工作学科重点研究及人才培养基地建设。发展社会工作高等职业教育，改善职业教育结构，逐步形成完善的职业教育体系。改革、完善社会工作专业人才培养模式，提高实践教学在学校教育中的比重，健全实习督导制度，加大实践教学和实习基地建设力度。组织实施社会工作教育与研究人才培养引进工程，适应社会工作专业人才培养和专业发展需要，重点培养和引进一批高素质社会工作教育与研究人才。建立教师参与社会工作实践制度，鼓励一线优秀社会工作专业人才到高校授课。系统总结中国社会工作经验和做法，借鉴国外社会工作专业理论和方法，建构具有中国特色的社会工作专业理论、课程和教材体系。通过国家社科基金项目、国家软科学研究计划等，支持社会工作专业相关研究。促进社会工作学术团体和平台建设。加强对高校相关专业学生的社会工作通识教育。

83. 如何推进社会工作专业人才评价和激励工作？

2011 年 11 月，中央组织部、中央政法委、民政部等十八个部门联合发布了《关于加强社会工作专业人才队伍建设的意见》，就如何推进社会工作专业人才评价和激励工作提出以下举措：

（1）建立健全社会工作专业人才评价制度。建立以岗位职责要求为基础，以品德、能力和业绩为导向，科学化、社会化的社会工作专业人才评价机制。完善社会工作专业人才职业水平评价制度，将取得职业水平证书的社会工作专业人才纳入专业技术人员管理范围。支持城乡基层居（村）民自治组织、社区服务组织、公益服务类事业单位、公益慈善类社会组织、基层社会服务部门相关人员参加社会工作专业人才职业水平考试，不断提高职业素质和专业水平。鼓励用人单位根据工作需要聘用持有职业水平证书的社会工作专业人才。

（2）做好社会工作专业人才薪酬保障工作。建立健全社会工作专业人才薪酬保障机制，切实提高基层社会工作专业人才薪酬待遇水平。在事业单位工作的社会工作专业人才，工资待遇按照国家有关规定执行；在城乡社区、公益慈善类社会组织、民办非企业单位工作的社会工作专业人才，由所在单位合理确定薪酬水平。重视解决社会工作专业人才的社会保障问题，按照国家有关规定办理社会保险事宜。

（3）建立社会工作专业人才表彰奖励制度。以党委、政府表彰奖励为导向，以用人单位和社会力量为主体，按照国家有关规定开展表彰奖励活动。将符合条件的社会工作专业人才纳入享受国务院政府特殊津贴范围。按照国家政策表彰奖励业绩突出、能力卓著、群众认可的优秀社会工作专业人才，大力宣传社会工作专业人才队伍建设方针政策和优秀社会工作专业人才的先进事迹，形成关心支持、理解尊重社会工作专业人才的良好社会氛围，激发广大社会工作专业人才的工作热情和创造潜能。

第三节　社区公共服务设施建设

84. 如何加强社区组织工作用房和居民公益性服务设施建设?

中共中央办公厅、国务院办公厅下发的《关于加强和改进城市社区居民委员会建设工作的意见》（中办发〔2010〕27 号）明确规定，要将社区居民委员会工作用房和居民公益性服务设施建设纳入城市规划、土地利用规划和社区发展相关专项规划，并与社区卫生、警务、文化、体育、养老等服务设施统筹规划建设。地方政府应对建设资金来源、产权归属和使用管理方式等作出明确规定。新建住宅小区和旧城区连片改造居民区的建设单位必须按照国家有关标准要求，将公共服务设施配套建设纳入建设工程规划设计方案。城市规划行政主管部门要按照规定的配套建设指标对建设工程规划设计方案进行审查，对不符合规定配置标准和要求的不予批准。工程的设计、施工及验收使用，应广泛征求社区居民及所在地街道办事处的意见。未按规划要求建设社区居民委员会工作用房和居民公益性服务设施的，不能通过验收。验收合格后，建设单位要根据规定将社区居民委员会工作用房和居民公益性服务设施交给所在地街道办事处使用管理。老城区和已建成居住区没有社区居民委员会工作用房和居民公益性服务设施的或者不能满足需要的，由区（县、市）人民政府负责建设，也可以从其他社区设施中调剂置换，或者以购买、租借等方式解决，所需资金由地方各级人民政府统筹解决。

85. 如何充分发挥社区组织工作用房和公益性服务设施的综合效益?

近年来，全国各地普遍加大了对社区组织的工作用房和居民公益性服务设施（以下简称工作用房和公益性服务设施）建设的力度，对于改善社区组织的工作条件、提高居民生活质量和水平、促进城市社会管理和社区建设发挥了重要作用。但是，不少地方的工作用房和公益性服务设施建设和管理工作依然存在很多问题，有的社区组织的工作用房陈旧简陋；有的社区组织没有工作用房和公益性服务设施，特别是老年人、青少年活动的公益性服务设施；有的工作用房和公益性服务设施管理不善，没有发挥应有的作用，不能适应新形势下城市改革发展稳定的要求。为进一步做好工作用房和公益性服务设施建设和管理工作，充分发挥社区组织工作用房和公益性服务设施的综合效益，民政部、中央组织部、建设部等十个部委联合下发的《关于进一步做好社区组织的工作用房、居民公益性服务设施建设和管理工作的意见》（民发〔2005〕85 号）明确指出，当前要重点开发利用好工作用房和公益性服务设施三方面的功能：一是办理公共事务的功能；二是组织居民活动的功能；三是提供社区服务的功能。要调整规范社区现有办公、服务、活动用房功能，所有社区应基本具备“五室三站两栏一校一场所”等功能。五室：党组织和居委会办公室、警务室、党员活动室（多功能活动室）、图书阅览室、资料档案室；三站：社区服务站（党员服务站）、劳动保障服务站、卫生计生服务站；两栏：宣传栏、居务公开栏；一校：居民学校；一场所：健身活动场所。根据社区管理和服务需要，进一步整合社区工作用房资源，积极推行“一门式”服务，方便居民办事。各地各部门要按照互惠互利、资源共享的原则，积极鼓励、协调企事业单位和机关团体内部服务设施向社区居民开放，为社区居民服务，不断满足社区居民多层次、多样化的物质文化需求。

86. 社区党组织、居民委员会如何管理工作用房和公益性服务设施?

做好社区组织的工作用房和居民公益性服务设施建设，是充分发挥社区组织作用，做好城市基层管理和服务工作，更好地为居民服务，促进社区和谐稳定的重要保证。民政部、中央组织部、建设部等十个部委下发的《关于进一步做好社区组织的工作用房、居民公益性服务设施建设和管理工作的意见》（民发〔2005〕85 号）明确指出，社区党组织、居民委员会要加大对社区工作用房和公益性服务设施的管理力度，对设施的使用，要广泛征求社区居民意见，符合社区居民的实际需求，在确保社区党组织和居委会正常工作、突出社区老年人和未成年人服务的基础上，进一步扩大居民活动场所。要采取“一室多用”的方式，开展多种形式的服务活动，最大限度地发挥社区公益性服务设施的综合效益。社区组织的工作用房和居民公益性服务设施，任何单位和个人不得侵占、挪用、出租或改作他用。对社区工作用房和公益性服务设施使用情况，县级民政部门要切实负起监督职责。在服务方式上，要根据社区居民的人员构成、服务需求和服务时段等实际情况，设置灵活的服务项目，安排灵活的服务时间，开展多种形式的服务活动。社区党组织要充分发挥领导核心作用，领导社区居委会、群团组织管好、用好各种公益设施。

87. 社区公共服务设施的水电、煤气、电信等费如何收取?

中共中央办公厅、国务院办公厅下发的《关于加强和改进城市社区居民委员会建设工作的意见》（中办发〔2010〕27 号）明确规定，社区居民委员会服务设施的供暖、水电、煤气、电信等费用应按照当地居民使用价格标准收取。2013 年 5 月，国家发展改革委下发《关于调整销售电价分类结构有关问题的通知》（发改价格〔2013〕973 号），规范了各类销售电价适用范围，明确指出，城乡社区居民委员会服务设施用电，执行居民生活用电价格，目前，各地已基本贯彻落实到位。同时，社区服务设施的供暖、水电、煤气、电信等费用，也都按要求执行居民使用价格收取。

88. “中国社区”标识应用的基本要求是什么?

2012 年 4 月，民政部正式公布“中国社区”标识，并下发《关于做好“中国社区”标识启用工作的通知》（民发〔2012〕66 号），对推广使用“中国社区”标识提出了明确要求。《通知》指出，“中国社区”标识启用要采取以点带面、梯次推进的方式，有计划、有步骤地在城乡社区普遍使用，使标识应用范围从东部地区社区向中西部地区社区扩展，从城市社区向农村社区扩展，从新建社区向已有社区扩展，使标识应用与城市和谐社区建设和农村社区建设实验工作同步推进，与“十二五”期间城乡社区服务体系建设同步推进，争取到“十二五”期末，实现将标识覆盖到全国所有城乡社区的目标。

标识应用的基本要求是：城市和谐社区建设示范单位和农村社区建设实验全覆盖示范单位率先推广使用标识，社区办公用房、社区综合服务设施主体建筑物的显著位置应安装永久性标识，村（居）务公开栏、社区宣传栏、引导牌和社区工作者胸牌、桌牌等识别标志中应加入标识元素，与社区建设相关的书刊资料、会议活动可使用标识衍生品。

89. 推进社区公共服务综合信息平台建设的保障措施是什么？

2013 年 10 月，民政部等部门下发的《关于推进社区公共服务综合信息平台建设的指导意见》（民发〔2013〕170 号）就推进社区公共服务综合信息平台建设提出了五项政策措施：

（1）加强组织领导。在各级党委政府的重视支持下，建立健全社区公共服务综合信息平台建设协调机制，加强与相关部门的沟通协调，形成整体合力。各级民政部门要会同发展改革、公安、工业和信息化、财政等部门做好社区公共服务综合信息平台建设的统筹规划、资源整合、设施布局和运行管理等工作，各级工业和信息化部门要指导协调利用各级电子政务公共平台开展社区公共服务应用的顶层设计、平台构建、技术保障和评测评估等工作。

（2）完善筹资机制。建立社区信息化、多元化筹资机制，加快实施《社区服务体系建设规划（2011—2015 年）》。各地应根据经济社会发展水平等实际情况，整合政府各部门信息化建设资金项目，逐步提高社区信息装备条件和社区服务信息化水平，采取财政补助等方式解决社区公共服务信息平台建设经费。鼓励社会力量参与社区信息化建设，发挥通信运营商、信息服务商和软硬件供应商在技术、人才、资金和信息基础设施等方面的优势，降低社区公共服务综合信息平台建设和维护成本，支持科研机构和企业研发适合社区需求的信息系统及终端产品。

（3）健全制度标准。加快制定全国社区公共服务综合信息平台建设标准，规范社区公共服务综合信息平台设施建设、技术支撑、运行管理和监督考核，切实提高社区公共服务综合信息平台建设的质量。研究制定全国社区公共服务标准体系，规范社区公共服务项目、服务流程、服务方式、服务质量和服务评价，切实提高服务社区居民的能力和水平。建立健全社区公共服务综合信息平台居民满意度评价体系，推动社区信息化建设健康快速发展。及时清理不利于社区公共服务综合信息平台建设的规章制度，逐步实现社区公共服务的电子化办理。

（4）强化信息安全。增强社区公共服务综合信息平台网络、综合信息库和各部门业务信息系统的安全防护能力建设，充分利用依法设立的电子认证服务机构，实现面向电子政务内外网与各级各类业务应用的身份认证、访问授权和责任认定等安全管理，为跨部门、跨区域的业务协同提供安全保障。制定实施与系统应用紧密结合、技术上自主可控的信息安全和保密解决方案，加大安全可靠软硬件产品应用力度，配备相关技术力量，定期组织开展信息安全风险评估，确保社区公共服务综合信息平台信息安全。加大对违章违法泄密行为的责任追究和惩罚力度，保护国家和公民的信息安全。

（5）坚持试点推进。健全社区公共服务综合信息平台长效运行机制，以社区居民最关心和最急需的公共服务为抓手，依托信息惠民国家示范省市建设开展社区公共服务综合信息平台建设试点工作，着力推进体制机制革新和制度标准创新。在总结试点经验的基础上，加大推广力度，逐步扩大社区公共服务综合信息平台建设地域覆盖和项目覆盖，将社区居民全员纳入社区公共服务综合信息平台服务范围。全国社区管理和服务创新实验区、全国和谐社区建设示范单位要率先开展社区公共服务综合信息平台建设工作。

第四节　社区建设经费保障

90. 社区工作经费如何保障？

中共中央办公厅、国务院办公厅下发的《关于加强和改进城市社区居民委员会建设工作的意见》（中办发〔2010〕27 号）明确规定，要切实加大社区居民委员会建设经费保障力度，要将社区居民委员会的工作经费、人员报酬以及服务设施和社区信息化建设等项经费纳入财政预算。社区居民委员会兴办公益事业所需费用，经居民会议或居民代表会议讨论，按照自愿原则，可以向社区居民或受益单位筹集。加大对财政困难地区一般性转移支付力度，增强其做好社区居民委员会建设工作的保障能力。

民政部下发的《关于切实做好全国和谐社区建设示范单位命名表彰工作的通知》（民发〔2008〕142 号）对保障社区工作经费作了规定：社区工作经费纳入政府财政预算，其标准随当地经济发展水平提高而及时增长，党建工作经费保障到位，社区有经费使用自主权；社区工作人员经费（工资、补贴、保险）纳入政府财政预算，标准不低于上年本地区城镇职工平均工资水平。

91. 社区居民委员会工作经费如何管理？

中共中央办公厅、国务院办公厅下发的《关于加强和改进城市社区居民委员

会建设工作的意见》（中办发〔2010〕27 号）明确规定，街道办事处要将社区居民委员会工作经费、人员报酬以及服务设施和社区信息化建设等项经费纳入财政预算与街道办事处银行账户管理，实行专款专用，分账核算，不得挪用、挤占、截留，并定期向社区居民委员会及居民公开使用情况，接受居民监督。

92. 社区工作人员的报酬待遇如何解决？

中共中央办公厅、国务院办公厅下发的《关于加强和改进城市社区居民委员会建设工作的意见》（中办发〔2010〕27 号）明确规定，社区居民委员会成员、社区专职工作人员报酬问题由县级以上地方人民政府统筹解决，其标准原则上不低于上年度当地社会平均工资水平。社区居民委员会成员和社区专职工作人员按国家有关规定参加基本养老、失业、基本医疗、生育、工伤保险，有条件的地方逐步落实住房公积金政策。

第五节　社区建设制度保障

93. 如何以党内基层民主带动社区居民民主？

中共中央办公厅、国务院办公厅下发的《关于加强和改进城市社区居民委员会建设工作的意见》（中办发〔2010〕27 号）提出，要坚持以扩大党内基层民主带动社区居民民主。推广社区党组织班子成员由党员和群众公开推荐与上级党组织推荐相结合的办法，逐步扩大社区党组织领导班子直接选举范围。全面推进社区党务公开，健全社区党员代表议事制度，引导党员参与民主实践，积极探索扩大党内基层民主多种实现形式，带动和促进社区居民民主健康发展。

94. 如何坚持和发展社区民主选举制度？

中共中央办公厅、国务院办公厅下发的《关于加强和改进城市社区居民委员会建设工作的意见》（中办发〔2010〕27 号）明确要求，要进一步规范社区民主选举程序，稳步扩大社区居民委员会直接选举覆盖面。社区党组织要加强对社区居民委员会选举工作的领导和指导，提倡按照民主程序将不参与选举的社区党组织负责人推选为居民选举委员会主任，主持居民选举委员会工作。社区居民委员会选举由居民推选产生的居民选举委员会主持。居民选举委员会成员依法被确定为居民委员会成员候选人的，应当退出居民选举委员会，所缺名额从原推选结果中依次递补。在符合相关法律法规规定的前提下，各地要对居民委员会成员候选人的资格条件作出规定，引导居民把办事公道、廉洁奉公、遵纪守法、热心为居民服务的人提名为候选人。探索社区流动人口在居住地参加社区居民委员会选举的方式方法，保障其民主政治权利。

95. 如何完善社区民主管理制度？

中共中央办公厅、国务院办公厅下发的《关于加强和改进城市社区居民委员会建设工作的意见》（中办发〔2010〕27号）提出，要进一步健全社区党组织领导的充满活力的社区居民自治机制，推广社区党员或党员代表议事制度，深入开展以居民会议、议事协商、民主听证为主要形式的民主决策实践，以自我管理、自我教育、自我服务为主要目的的民主管理实践，以居务公开、民主评议为主要内容的民主监督实践，全面推进居民自治制度化、规范化、程序化。积极探索网上论坛、民情恳谈、社区对话等有效形式，鼓励社区居民和驻区单位广泛参与，切实保障社区居民的知情权、参与权、决策权、监督权。

96. 如何健全社区居民委员会日常工作制度？

中共中央办公厅、国务院办公厅下发的《关于加强和改进城市社区居民委员会建设工作的意见》（中办发〔2010〕27号）明确要求，社区居民委员会要把工作重点进一步转移到社区管理和服务上来，按照居民活动空间最大化、服务设施效益最优化的要求，改进社区居民委员会服务场所管理，方便居民群众使用。建立健全社区居民委员会与驻区单位协商议事制度，推行分片包块、上门走访、服务承诺、结对帮扶等做法，密切社区居民委员会工作人员与社区居民的关系。实行错时上下班、全日值班、节假日轮休等工作制度，方便群众办事。建立健全社区党组织与社区居民委员会联席会议制度，规范社区居民委员会财产、档案、公章管理，确保社区居民委员会工作有效运转。

第六节　组织领导保障

97. 基层党委、政府在社区建设工作中的职责任务是什么？

中共中央办公厅、国务院办公厅下发的《关于加强和改进城市社区居民委员

会建设工作的意见》（中办发〔2010〕27 号）明确要求，要加强部门协调配合，在当地党委、政府统一领导下，党委组织部门在加强社区居民委员会建设中要发挥抓总引领作用，民政部门要充分发挥牵头指导作用，搞好协调服务。依托社区居民委员会开展公共服务的教育、科技、公安、司法、社会治安综合治理、人力资源和社会保障、城乡建设、文化、卫生、人口和计划生育、环保、体育等部门要强化责任意识，把支持和帮助社区居民委员会建设作为为民办实事的重要内容予以落实。各级发展改革、财政、金融、税务、工商等部门要按照各自职能和权限，采取有效政策措施，积极支持社区居民委员会建设。工会、共青团、妇联及残联、老龄协会、计划生育协会、慈善协会等群众组织要发挥各自优势，积极参与社区居民委员会建设。

98. 如何强化驻区单位的社区建设责任？

中共中央办公厅、国务院办公厅下发的《关于加强和改进城市社区居民委员会建设工作的意见》（中办发〔2010〕27 号）明确要求，要建立社区党组织、社区居民委员会、驻区单位联席会议制度，定期研究资源共享、社区共建事项。积极推动驻区单位将文化、教育、体育等活动设施向社区居民开放。推动驻区单位将服务性、公益性、社会性事业逐步向社区开放，为社区居民委员会提供人力、物力、财力支持。探索建立驻区单位社区建设责任评价体系，推动共驻共建、资源共享。要把驻区单位履行社区建设责任的情况纳入和谐社区示范单位创建内容，有关部门在评先表优时要主动听取社区居民委员会对驻区单位的意见。

99. 如何建立健全社区工作的领导责任制度？

为大力加强对城市社区居民委员会建设工作的领导，中共中央办公厅、国务院办公厅下发的《关于加强和改进城市社区居民委员会建设工作的意见》（中办发〔2010〕27 号）明确要求，要把加强和改进社区居民委员会建设工作纳入党委重要议事日程，纳入政府履行社会管理和公共服务职能的重要内容。各省、自治区、直辖市党委和政府要定期研究社区居民委员会建设工作。区（县、市）委书记要认真履行第一责任人的职责，街道办事处党工委书记要履行好直接责任人的职责，市、区（县、市）领导干部和街道（镇）领导干部要建立社区居民委员会建设联系点，将社区居民委员会建设工作成效作为市、区（县、市）党委和政府工作目标管理和年度目标考核的重要内容。

100. 如何统筹城乡社区发展？

城乡二元结构是制约城乡发展一体化的主要障碍。必须健全体制机制，形成以工促农、以城带乡、工农互惠、城乡一体的新型工农城乡关系，让广大农民平等参与现代化进程、共同分享现代化成果。为贯彻落实党的十八大关于全面深化改革的战略部署，十八届中央委员会第三次全体会议审议通过了《中共中央关于全面深化改革若干重大问题的决定》。《决定》第二十二条强调，推进城乡要素平等交换和公共资源均衡配置，要统筹城乡基础设施建设和社区建设，推进城乡基本公共服务均等化。统筹城乡社区发展，需要从以下几个方面努力：（1）城乡并重，建立完善城乡一体的社区建设领导机制。将统筹城乡社区建设作为构建和谐社会、促进经济跨越发展的基础工程，作为加强基层党的建设、巩固党的执政基础的政治工程，作为造福群众、提高市民幸福指数的民心工程来抓。转变过去传统的重视城市社区建设的做法，坚持城乡社区建设并重的方针，不断创新方式方法，逐步建立起城乡一体的社区建设工作组织领导机制。（2）统筹兼顾，科学制定城乡一体的社区建设规划。要把城市与农村作为一个整体，统筹谋划，整体推进。根据各地实际情况，因地制宜地制订建设规划，如鄂州探索出了六种城乡社区建设的新模式，主要是规划引导模式、迁村腾地模式、项目拆迁模式、“城中村”改造模式、产业培育模式、环境整治模式，这六种建设模式加快了城乡社区建设步伐，既促进了经济发展，又推动了农村城镇化进程，同时也提高了城乡居民的生活质量。（3）突出重点，统筹推进城乡一体的社区办公活动场所规范化建设。要统一规划设计，统一内部要素设置，统一工作制度，统一社区外观标识。（4）均衡服务，着力构建城乡一体的社区公共服务体系。要加快推进城市公共服务向农村社区覆盖，力求实现城乡基本公共服务制度统一、标准一致、水平均衡。从城乡居民医疗保障、城乡居民最低生活保障、城乡居民养老保险、城乡居民就业服务、城乡教育事业发展、城乡卫生事业发展、城乡文化体育事业发展等方面均衡城乡社区公共服务水平。

后　记

党的十八大报告第一次把“社区治理”写入了党的纲领性文件。党的十八届三中全会进一步提出，“建立健全居民、村民监督机制，促进群众在城乡社区治理、基层公共事务和公益事业中依法自我管理、自我服务、自我教育、自我监督”。广大社区工作者是推进社区治理创新的组织者、参与者、实践者。建设一支综合素质高、工作能力强、对群众有深厚感情的社区工作者队伍，是实现新时期社区治理目标任务的必然要求。为加强对广大社区工作者的教育培训，帮助他们系统掌握社区建设相关法律法规和政策，不断提高服务群众和依法办事的能力和水平，我们组织编写了本教材。

本教材分为社区建设的总体要求、基本概念、基本内容和基本保障4章。教材中所有关于社区建设的问答内容都出自于社区建设的相关法律法规、党的十六大以来中央层面出台的相关政策文件和有关领导同志讲话。我们在编写过程中，始终坚持全面性、系统性、科学性原则，努力为广大社区工作者详细介绍我国社区建设的各项法律法规和政策，为广大社区工作者提供一本社区建设的权威工作指南。

本教材由民政部基层政权和社区建设司组织编写，湖北省民政厅基层政权和社区建设处具体承担编写任务，陈新祥、徐昌洪、戴新红、王栀韩、郭婧婧等同志参加了教材编写工作。

由于社区建设是一项综合性很强的系统工程，涉及的法律法规和政策相当广泛，我们在梳理过程中难免会有错漏之处，恳请广大读者在使用教材时提出宝贵意见，以便在今后的修订中进一步完善。

图书在版编目(CIP)数据

社区建设政策百问百答 / 蒋昆生主编；民政部基层政权和社区建设司组织编写．—2版．—北京：中国社会出版社，2014.8

ISBN 978-7-5087-5694-3

Ⅰ.①社…　Ⅱ.①蒋…②民…　Ⅲ.①社区建设-方针政策-中国-问题解答②社区建设-法规-中国-问题解答　Ⅳ.①D669.3-44②D920.5

中国版本图书馆CIP数据核字（2017）第114995号

丛 书 名：中国城乡基层干部和社区工作者系列培训教材
丛书主编：蒋昆生
书　　名：社区建设政策百问百答

出 版 人：浦善新
终 审 人：胡晓明
责任编辑：郑双梅　　　　**责任校对：**丁　一

出版发行：中国社会出版社　　　　**邮政编码：**100032
通联方式：北京市西城区二龙路甲33号
电　　话：编辑部：（010）58124832
邮购部：（010）58124848
销售部：（010）58124845
传　真：（010）58124856
网　　址：www.shcbs.com.cn
shcbs.mca.gov.cn
经　　销：各地新华书店

中国社会出版社天猫旗舰店

印刷装订：北京市优美印刷有限责任公司
开　　本：170mm×240mm　1/16
印　　张：6
字　　数：100千字
版　　次：2017年5月第2版
印　　次：2017年5月第3次印刷
定　　价：28.00元

中国社会出版社微信公众号